珍藏本
纪念版

汉译世界学术名著丛书

思维方式

〔英〕怀特海 著

刘放桐 译

商务印书馆
SINCE 1897
The Commercial Press

2017年·北京

Alfred North Whitehead

MODES OF THOUGHT

Cambridge at the University Press, 1956

本书根据剑桥大学出版社 1956 年版译出

汉译世界学术名著丛书
（120年纪念版·珍藏本）
出版说明

2017年2月11日，商务印书馆迎来120岁的生日。120年前，商务印书馆前贤怀揣文化救国的理想，抱持“昌明教育，开启民智”的使命，立足本土，放眼寰宇，以出版为津梁，沟通中西，为中国、为世界提供最富智慧的思想文化成果。无论世事白云苍狗，潮流左右激荡，甚至战火硝烟弥漫，始终践行学术报国之志，无改初心。

迻译世界各国学术名著，即其一端。早在20世纪初年便出版《原富》《天演论》等影响至今的代表性著作，1950年代后更致力于外国哲学和社会科学经典的译介，及至1980年代，辑为“汉译世界学术名著丛书”，汇涓为流，蔚为大观。丛书自1981年开始出版，历时三十余年，迄今已推出七百种，是我国现代出版史上规模最大、最为重要的学术翻译工程。

丛书所选之书，立场观点不囿于一派，学科领域不限于一门，皆为文明开启以来，各时代、各国家、各民族的思想与文化精粹，代表着人类已经到达过的精神境界。丛书系统译介世界学术经典，引领时代思想，为本土原创学术的发展提供丰富的文化滋养，为推动中国现代学术和现代化进程做出了突出的贡献。

为纪念商务印书馆成立120周年，我们整体推出“汉译世界学术名著丛书”120年纪念版的珍藏本，寄望既利于文化积累，又便于研读查考，同时向长期支持丛书出版的译者、编者和读者致以敬意。

两甲子后的今天，商务印书馆又站在了一个新的历史时间节点上。我们不仅要铭记先辈的身影和足迹，更须让我们的步伐充满新的时代精神。这是商务人代代相传的事业，更是与国家和民族的命运始终紧密相连的事业。我们责无旁贷，必须做好我们这代人的传承与创造，让我们的努力和成果不仅凝聚成民族文化的记忆，还能成为后来人可以接续的事业。唯此，才能不负前贤，无愧来者。

商务印书馆编辑部

2017年10月

谨将此书留给我的子孙后代

目　　录

序

这几篇讲演录中所提出的主要理论是:我们经验中的因素按其可变性来说是“清楚明白的”,只要它们在重要性(importance)上所要求的那个适当时期内能够得到证实。必然的东西是不可移易的,由于这个原因,它们隐约而模糊地处于思维之后。因此哲学真理应当到语言的假定中去寻求,而不要到它的明确的陈述中去寻求。由于这一原因,哲学与诗相似,二者都力求表达我们称之为文明的最高的理智。

本书前六章,即第一、二篇,是我在1937—1938学期,即我从哈佛退休以后不久,在马萨诸塞州维列斯莱学院作的讲演。这个幸运的机会使我得以将我在哈佛作的讲演的一些内容加以压缩以供出版,这些内容在我过去出版的著作中已作了不完备的阐述。以《自然界与生命》为题的第三篇的两次讲演是四年前在芝加哥大学作的,曾由芝加哥大学出版社出版,在英国则由剑桥出版社出版。原来打算把它们编成像本书一样的一本书的一部分。但是由于种种原因,这个计划没有如期完成。

结束语《哲学的目的》是将1935年的一次年度欢迎会上给哈佛大学和拉德克利菲女子学院哲学系的毕业生作的一篇简短的讲话修改而成,曾刊载于哈佛大学校友会年刊上。

艾尔弗雷德·诺斯·怀特海

1938年4月25日

第一篇

创造的冲动

第一讲　重要性 1

在哲学研究中，第一章的内容应当是无拘无束地考察一些自然而然地存在于日常生活中的终极概念（ultimate notion）。我这里所指的是文献资料中、社会组织中、理解自然显相（occurences，一译事件）的努力中所固有的一般原则（generalities）。

这类概念没有定义，不能依据比它们本身的范围更为广泛的因素来对它们进行分析。它们之中每一个对于深度与其自身相等的不同意义的各组概念来说，都表现得是必要的。在讨论这样一组概念时，只要将语言稍加调整，其中任何一个概念都可以挑选出来作为中心概念。在这一讲中，**“重要性”**（importance）这个概念被作为中心概念。因此讨论各种问题时都将回复到这个概念。

在所有这几讲中，我的目的是考察我们的经验的一些一般特 2
征，这些特征是人类的直接活动中所预先设定的。这里不打算编造出一种体系哲学。在一个简短的讲座中要抱这样的目标未免贪心太大。一切体系化的思想都必须从一些预先作出的假定出发。同时，正如上面所指出的，讨论中有时要利用一些较之以明确的目的表达出来的概念更为基本的概念。在任何体系化的过程中，对于这些材料的语言表达，都一定要加以整理、润饰，使之有秩序。

在一切体系化的思想中，都有一种学究气。人们把概念、经验和暗示（suggestion）抛在一边，一本正经地辩解说，我们当然不考虑这些概念。体系是重要的，它对于讨论、利用以及批判充塞于我们经验中的那些思想都是必要的。

但是，在做建立体系的工作以前，先要完成一项任务，如果我们要避免一切有限的体系所固有的狭隘性，那这是一项非常重要的任务。今天，即使是**逻辑**本身，也在与体现在形式论据中的发现作斗争，因为每一套有限的前提都必然指示一些被排除在它的直接视野以外的概念。哲学不能排除任何东西，因此它决不应从建立体系开始。它的起始阶段可以称之为“收集”(assemblage)。

3 这样一种进程当然是没有尽头的。人们所能达到的一切就是强调少数几个范围广泛的概念，同时注意其他各种不同的观念，这些观念是在展示这些选择出来优先强调的概念时出现的。体系哲学是专家研究的对象。另一方面，每一个有教养的人都应当对收集的哲学过程加以注意，以便避免他们本身的褊狭。

在西方文献资料中，有四位伟大思想家，他们对于文明思想的贡献主要在于他们在哲学收集上所取得的成就，不过他们每个人都对哲学体系的结构做出了重要贡献。这四人是柏拉图、亚里士多德、莱布尼茨和威廉·詹姆士。

柏拉图把握了数学体系的重要性，但他的声誉靠的是他的各篇对话中大量含义深刻的暗示，这些暗示有一半为他生活的那个时代的古体文字造成的误解所掩盖了。亚里士多德把他所收集到的东西系统化。他继承了柏拉图，将其纳入他自己的体系结构中。

莱布尼茨继承了两千年的思想。他所继承的前人的各种不同思想实际上比他以前和以后的任何人都要多。他的兴趣范围遍及从数学到神学、从神学到政治哲学、从政治哲学到自然科学的广大

领域。这些兴趣以深刻的知识为背景。这要写一部书，其书名应 4
是《莱布尼茨的才智》。

最后，还有威廉·詹姆士，他实质上是一个现代人。他的才智可以说是以关于过去的东西的学识为基础，但他的伟大本质上是由于他对当代的观念有惊人的敏感。他通过旅行、与世界领导人的个人关系、他自己所做的多种多样的研究而了解了他所生活的世界。他做过建立体系的工作，但他首先是从事收集。他的理智生活的特点就是反对为了体系而忽视经验。他通过直觉发现了现代逻辑现在正在仔细研究的伟大真理。

这个引言性的讨论已经涉及哲学的两个方面。体系化是用从科学的专门化得出的方法对一般性的批判。它以一组封闭的原始观念为前提。另一方面，哲学是对关于范围广泛(large)和适当的一般性概念的思考。这种精神习惯就是文明的本质。它就是文明。独居的鸫和夜莺能发出极为优美的声音。但它们不是有文明的生物。它们缺乏关于自己的行为及周围世界的适当的一般性的
观念。高等动物无疑具有概念、希望和恐惧。由于它们的精神机 5
能的一般性不充分，它们还缺乏文明。它们的爱、它们的奉献心、它们的姿势之美的确也会引起我们的爱和关切。文明要超出所有这一切，而就道德价值而论它可能比这一切要少。文明生物是那些运用某些范围广泛的关于理解的一般性来考察世界的生物。

2. 有两种形成对照的观念，它们看起来不可避免地成为一切范围的经验的基础。其中之一是重要性概念，即重要性的感觉、重要性的假定。另一个是实事(matter-of-fact)概念。谁也无法回避纯粹的实事。后者是重要性的基础，重要性之所以重要正是由于

实事的不可或缺。我们由于有一种重要性的感觉而全神贯注。当我们全神贯注时,我们注意实事。那些刻板地使自己的注意仅及于实事的人们之所以这样做正是出于他们对这样一种态度的重要性的感觉。这两种观念既是相对立的,又相互需要。

有意识的经验的原始方式的一个特征是它将一种范围广泛的一般性与一种显著的特殊性融合起来。在经验的特殊性的特征描
6 述中缺乏精确的分析。说用质的概念对个体的经验作特征描述是从对这种质的某种细节的分析开始,那是不对的。我们关于质的原始意识是基于一种范围广泛的一般性。例如,当我们第一次使自己回忆文明经验时,独特的思维方式是:“这是重要的”,“那是困难的”,“这是可爱的”。

在这样一些思维方式中,有一种用上面的“**这**”和“**那**”语词表示的显著的特殊性;还有一种范围广泛的含糊的特征描述,它指示外部世界的特殊事实引起的某种激动形式。这种含糊性使有教养的人感到失望。因为这种一般性一经表述,就已非常明显而毋需提及。它总是在那里,恰好处于意识的边缘。但是优秀的文学作品避免显示质的范围广泛的哲学的一般性。它紧扣那种势必掩盖质的一般性的偶然的精确性。文学作品是默默地预先假定分析与反过来明确强调关于我们素朴的一般直觉的基本情绪的重要性的巧妙结合。

7 语言总是要陷于动物的习惯与学者的精确表达之间的这个中间阶段的一般性之中。它总是在能够较为精确使用的语词的伪装下落入哲学的一般性。这样的差错是非教化的,因为它表达的是明显的东西,然而它又是哲学的,因为明显的东西体现了可变的细

节的持久的重要性。文人们总是反对含糊地使用那些可以作精确表述的语词。

例如，科勒律治（Coleridge）在他的《传记文学》（*Biographia Literaria*）中谈到一群旅行者凝视一股急流，突然喊出“多美！”作为对令人极为感叹的景观的特征的一种含糊表达。他对此表示异议。在这个例子中，退化的词汇“多美！”无疑使多姿多色的整个景象失色。在此，实在很难用言辞的表达方式。语词总的说来指示有用的特殊属性，它们怎么可能用来描绘一切重要性所依的一般特性的感觉呢？伟大的文学作品的一个功能就是描绘隐于语词之后的生动的情感。

3. 对哲学来说不幸的是知识倾向于细节。尽管在企图去把握诸如“重要性”和“实事”之间的对比之类我们的基本假定时，我们无疑必须求助于我们所继承的知识，但是在智慧的发展中，有一条伟大的原则经常被遗忘了。为了获得知识，我们首先必须使自己不受 8
知识的束缚。在我们使论题明确化并具有条理以前，我们必须大致地把握论题。例如，约翰·斯图亚特·密尔的思想为他所受的特殊教育所限制，这种教育使他在拥有相关经验以前就给予他以体系。因此他的体系是封闭的。我们必须有体系，但我们应当使我们的体系保持开放。换言之，我们对它们的局限性应当有所敏感。它在细节方面总会存在有待加以洞察的模糊的“在此之外”。

作为现代欧美西方文明的复杂的思想基础的一般概念，大都来源于对古代希腊人、闪族人和埃及人遗留给我们的基本观念的各种表达。所有这三个来源都强调我们周围的实事世界。但是我们所继承的他们的重要性的重点是各不相同的。我们从希腊人那里继承的主要是美学和逻辑方面的东西，从闪族人那里继承的是道德和宗教方面的东西，从埃及人那里继承的是实用方面的东西。希腊人留传下来的是享受，闪族人留传下来的是崇拜，埃及人留传下来的是实际观察。

但是，从地中海东部的文明继承的这种遗产有其特殊形态。我们关于“**重要性**”概念作为宇宙中的一个一般因素为这些形态所
9 限制。在某种程度上摆脱古代世界的种种思想形态来考虑**重要性**和**实事**，是近代哲学的头等任务。

实事是单纯存在概念。但是当我们试图把握这个概念时，这个概念就将本身区分为一些关于存在的不同类型的从属概念。例如空想的存在和实际的存在以及其他许多类型的存在。因此存在概念包含了存在的环境概念和存在的类型概念。任何一种存在的情况都包含了与它相联、但又在它之外的其他存在概念。这个关于环境的概念引出了“或多或少”概念和杂多性概念。

“重要性”概念也牵涉到重要性的等级和重要性的类型。在此我们再一次碰到“或多或少”概念。还有必定“重要”的某种东西。在真空中没有重要性。因此“重要性”使我们回到实事。对于有限的理智说，实事的杂多性要求在研究它时做出选择。而“选择”要求有“要这个不要那个”的概念。因此理智的自由出于选择，而选择需要有相对重要性概念，以便使它有意义。所以，“重要性”、“选择”、
10 “理智自由”是联系在一起的。它们都意味着对实事的某种关系。

我们现在回到实事。让我们再一次来考察一下实事。环境在任何物理维度内都凌驾于我们之上。因此实事带有一种不可抗拒的决定论色彩。地球自转，我们跟着移动，并在日常生活中把日夜

轮回体验为基本的必然性。第一个提到午夜太阳的记载的天主教徒不相信这个记载。他是一个非常了解自然界的必然性的有学问的人。按照这种方式，自然界的必然性很可能被夸大。不过无论在哪种意义上，这些必然性都一样存在。按照同样的方式，选择概念所预先假定的自由无论在哪种意义上都存在。在此我们发现了一个关于体系哲学的价值的实例。因为我们要么必须对自由和必然性得以并存的意义加以解释，要么我们必须通过对我们日常思维的这些或那些最明显的假定做出解释来将它们加以消除。

4．让我们从另一种意义上来研究实事和重要性这两个论题。

单纯实事这个概念乃是单纯存在的特性浮现于思维中，以便使其本身与外部活动的必然之物相协调。它是对我们以及其他一
切类型的事物都淹没于其中的自然界的事态的认识。它起源于作 11
为过程的我们自己的思维之中，而这种过程又淹没于我们自己之外的过程中。对事实性的这种掌握是思维的一个极端。这也就是说，它是震动的事物的单纯震动概念。

这是自然科学的理想，也是那些坚持唯有客观性有重要性的人们的潜在的理想。

“**重要性**”概念在文明思想中同样起支配作用，给它下一个不充分的定义，它就是“导致将个人感受公开表达出来的那种强度的**兴趣**”。在此我们接近了下一讲的论题。这个定义之所以不充分，是因为**重要性**有两个方面。一方面以**宇宙**的统一性为基础，另一方面以细节的个别性为基础。“兴趣”一词指的是后一方面，“重要性”一词倾向于前一方面。无论在哪一种意义上，兴趣总是改变了表达。因此为了使我们想到“重要性”的这一方面，“兴趣”一词有

时被用来作为它的同义词。但是，“重要性”是一个根本性的概念，不能通过有限的其他因素来充分解释。

作为一种清楚的思维，它与“**事实**”概念有不可调和之处。一个在技术上合理的办法是分析事实，而不问对它们的有关兴趣的
12 主观判断如何。但是，重要性概念类似于自然界本身，它是怎么也取消不了的。科学思维中的客观性的最热烈的拥护者坚持客观性的重要性。其实，“拥护一种理论”本身就是这样一种坚持。撇开兴趣的感受，就会仅仅是指出了这种理论，而并未拥护这种理论。追求真理的热情以兴趣为前提。持久的观察也以兴趣为前提。因为集中注意意味着不顾不相关的东西，而这种不顾只能以对重要性的某种感觉来维系。

因此，对重要性（或兴趣）的感觉体现于感性经验的存在本身之中。一旦它失去了支配地位，经验就会变得琐碎，并接近于虚无。

5. 关于单纯事实的概念是抽象理智的成果。它已成了非婴儿和非动物的清楚的思维。婴儿和动物所关心的是作为他们对一般环境的反射的需要。这就是说他们沉浸于他们对细节的兴趣之中，而这些细节体现于外在性中。关于细节的抽象的痕迹很是微弱。处于孤立状态的简单事实是原始神话，它为有限的思维，即不可能掌握整体性的思维所需要。

13 这种神话特征之产生是因为并不存在这样的事实。联系性是属于一切类型的一切事物的本质。它之成为类型的本质，是因为类型都是相联系的。抽掉联系性，必将抹煞所考虑的事实中的一个本质性因素。任何一个事实都不仅仅是它本身。处于顶峰的文

学和艺术的深透起于我们的一种模糊不明的感觉。这种感觉是我们超出神话学，即超出关于孤立的神话的范围而具有的。

可见，在对一个单个事实的任何考虑中，都暗中预先假定了一个事实的存在所必不可少的同格环境。对这一事实来说，这一同格环境乃是它的视域（perspective，一译透视）中的整个宇宙。但是，视域按不同关联有不同等级，这就是说，它是重要性的等级。感受是把宇宙归结为相对于事实的视域的动因。除了感受的各个等级以外，在每一事实的构成中，无限的细节会产生无数的结果。这就是我们在略去感受时所要说的一切。但是，我们对于这些结果有不同感受，于是就把它们归结为一种视域。“成为可以忽视的东西”指的是“对感受的某种同格成为可以忽视的东西”。因此，视域是感受的产物，而感受的分级则是按照兴趣感的各种不同区分而为兴趣感所决定。

有限的理智用这种方式研究关于有限的事实的神话。只要我 14
们记住了我们的所为，对这种做法是无可指责的。我们必须预先设定一种从其整体说我们不能给它下定义的环境。例如，科学一旦忽视了这种局限性，它总要犯错误。作为逻辑的出发点的前提的联结，预先假定了包含于这些前提中的各种未表现出来的假定的联结中不会产生任何困难。无论在科学和逻辑中，人们要做的只是充分提出他们的论证，他们迟早都要陷于矛盾，不管这是论证内部的矛盾还是论证所关联的事实外部的矛盾。

从欧洲科学史来看，大量有才能的人约三千到四千年的连续思维，足以揭露潜在于逻辑思维秩序中的某些矛盾。就自然科学来说，并非完满无缺的牛顿理论存在了三百年之久，而近代科学系统存在的时间大致为三十年。欧洲哲学之父在他的许多思维方式之一中提出了如下的公理:较为深刻的真理必为神话的阴影所笼罩。后来的西方思想史肯定充分证实了他的这个一掠而过的直觉。

15 必须指出,这些逻辑的或科学的神话,从错误一词的未加审核的意义来说,没有一个是错误的。它们不是完满无缺的,它们的真理为没有表达出来的预先作出的假定所局限。随着时间的推移,我们会发现一些这样的局限性。轻率地使用“对或错”的概念是理解取得进步的主要障碍之一。

6. 因此,重要性的特征之一在于它是感受的一个方面。由于这个方面,视域被置于所感觉到的事物的整个领域中。在我们更自觉地来接受这个概念时,我们知道按照对于周围事物的兴趣的程度来划分这些事物的效用的等级。我们以这种方式排除某些东西,把注意力引导到某个方面,我们毋需强调自觉地注意而完成必要的活动。重要性和视域这两个概念是密切地交织着的。

我们完全可以寻问,关于视域的理论是否不是一种把重要性这个概念归结为缺乏内在兴趣的单纯实事的努力。这种归结当然是不可能的。但是可以说,视域是由所感觉到的事物的活生生的重要性而得的单纯事实的僵死的抽象。具体的真理是兴趣的变异,抽象是视域中的整个领域。由之而起的科学是一些物理定律的图式。这些物理定律借未表达出来的预先作出的假定表达了普
16 通人所观察到的那种视域的模式。

重要性是一个种概念,这个概念由它无数个属中的少数几个属占压倒优势而弄得模糊了。“道德”、“逻辑”、“宗教”、“艺术”这些名词每一个都被宣布为包含了重要性的全部含义。每一个都表

示一些从属的属。但是种的范围超出于任何一组有限的属。存在着道德与之无关、逻辑与之无关、宗教与之无关、艺术与之无关的整个领域的视域。由于这一虚假的限制，表达融入自然过程的终极目的的活动便变得琐碎，成了对道德观念或对思维规则的维护，或对神秘的情感和对美的享受的维护。这些分化的属中任何一个都没有包括世界的目的的最后统一。过程的种的目的是：在这些属中以及在这种情况下是可能的范围内获得重要性。

当然，“重要性”一词在通常使用中会使人不能不想到一种多少有些愚蠢的自傲。在此，这种自傲使重要性的意义极端琐碎化。这是哲学讨论长久的困难，也就是说语词必须超出它们在市场上的一般意义。但是，尽管有这种困难，哲学仍必须以日常生活中的预先 17
作出的假定作为其基础。当我们开始接触哲学时，就应当排除知识。我们应当依靠从文明的一般社会关系中产生的淳朴概念。

我想用一件偶然碰到的逸事来描绘这种理论。这件逸事在我看来可能与道德无关。大约在 11 年前，我的一位少年朋友到了她的 10 岁生日。我不能说这里说的岁数精确无误。不管怎样，这位少女现在 21 岁。我们的友谊一直很亲密。这孩子的姑祖母在孩子生日这天带她去看英语歌剧《卡门》的日场演出。她的姑祖母还答应选两个同伴作陪。她选了另一个小女孩和（我很得意地说）我自己。当剧终我们走出剧场时，她望着姑祖母说：“姑祖母，您看这些人**真的是好**人吗？”她的姑祖母和我都用四处寻找载我们回家的小汽车的办法回避回答这个问题。

我现在提出来讲的是我们在剧场的享受与表演中的那些道德考虑无关。走私者当然是一些不正当的人，卡门就她的行为的细

18 节来说是放荡不羁的人。但是，当他们在舞台上又歌又舞时，道德消失了，剩下的只是美。

我不是说道德的考虑总是与舞台无关。事实上，有时它们就是剧本的主题。但是，在音乐声中、舞步中以及剧场的一般欢乐中，道德隐而不现了。这是一个使哲学家非常感兴趣而使官方检察人员困惑的事实。

7. 问题在于道德规则与涉及相关宇宙的系统特征的那些预先作出的假定有关。如果不应用这些假定，那特殊规则就成了关于抽象的非相关的东西的空洞命题。我们避免关于特殊规则的这种困难的办法，是保留它们的语言以及由于千百年来的社会变更引起的它们的意义的变更。翻译所必不可免的不完善之处也有助于实现这种避免。翻译总是受到译者所处的时代的影响。认为自然界的特殊规律以及特殊的道德规则具有绝对稳定性，这是一种对哲学已产生许多损害的原始幻觉。

19 例如，试考虑把我们关于家庭关系的道德概念运用于鱼这样的每年成百成千地产卵的生物。

关于道德规则的这一结论绝不能扩大，以致使它否定“道德”一词的任何意义。同样，在一个国家内的行为的合法性概念会使制定完善的法规失去可能性。法律这种工作绝不能被自动器所取代。

道德在于支配过程，以便使重要性增加到最大限度。这是属于它的各种不同维度之内的经验的伟大目的。这个关于经验的维度、关于每一维度之内的重要性以及它的重要性的最后统一的概念，是很难理解的。

但是，只要能够画出它的轮廓，我们就能够把握道德概念。道德总是达到和谐、深度和生动的统一的目的。这种统一包含了这种情境下的重要性的完满性。法规的制定使我们超出我们的直接的视野之外。它们包含了对那一时代日常情境的有效的日常判断。它们对文明是有用的，而且确是文明的极关重要的东西。但是，如果我们过分抬高它们的地位，那只会降低它们的影响。

试以十诫为例来考虑。我们能不能真正认为安息日是七天一次，而不是六天一次或八天一次，是宇宙的一条终极的道德规律
呢？我们能不能真正设想礼拜天不能做任何事情呢？我们能不能 20
真正设想时间之划分为日是一切存在的本性的一个绝对因素呢？戒律显然必须与常识结合。换言之，它们是一些行为的准则，在通常的情况下，如果没有特殊的理由，最好采用这些准则。

就作为普遍的道德理想来说，并不存在任何属于宇宙本质特征的行为系统。普遍的东西是精神，当一种行为系统被采用时，精神就会渗入这种系统之中。因此，道德并不依据神话的抽象来指出人们应当做什么。它所注意的是一般的理想，这种理想可以证实任何客观的东西。一个人的毁灭、一条昆虫的毁灭、一棵树的毁灭或者巴特农神庙的毁灭，可以是、也可以不是道德的。十诫告诉我们，在绝大多数情况下最好避免这种屠杀。在那些例外的情况下，我们也避免使用“杀害”一词。不管我们是否毁灭什么，是否保存什么，只要我们因此就经验以世界历史上的这种具体情况为转移而言保卫了经验的重要性，我们的行动就是道德的。

8. 思想上的长足进步往往是那些侥幸的错误的结果。而这 21
些错误是过分简单化的结果。进步是由于如下事实：超越暂时与使用了简单化的概念无关。亚里士多德对于种属和亚属的分析是

这种真理的主要例证之一。它是一个可能有的最好的想法，它澄清了由此以往的思维。柏拉图关于“分有”的理论是一种笼统而模糊的预知。他感觉到了它的价值。由于它缺乏充分的明确性，它并不那么完美。在有常识的人看来，亚里士多德的分析方法是两千年来理性进步中的一种本质特征。

当然，柏拉图是对的，而亚里士多德是错的。在种中没有清晰的分有，在属中没有清晰的分有，无论在哪里都没有清晰的分有。这就是说，当人们把观察所得的材料推到它们所依赖的预先作出的假定之外时，没有清晰的分有。然而我们却恰恰总是在这些限制内思维。

作为一个实际问题，亚里士多德是对的，而柏拉图是糊涂的。但是，亚里士多德和柏拉图都没有恰如其分地想到研究每一时代思想中流行的那种重要性感觉的特征的必要性。一切分类都以重
22 要性的流行的特征为转移。

我们现在有三千年到四千年文明的相当详细的历史。希腊人（正如修昔底德斯所揭示的）除了对于几乎是同时代的二三代人的历史外，对于历史是无知的。埃及人和犹太人不加批判地崇拜漫长的历史。如果希腊人对历史有所知的话，他们就会批判历史；犹太人如果不崇拜历史记载的话，他们就会批判历史；埃及人如果不是一些把自己局限于“纯历史”的有常识的人的话，他们也会批判历史。埃及人运用同样的良知未能概括他们的几何知识，因此他们就失去了成为近代文明创始者的机会。超越常识有不利之处。希腊人凭借他们的空想的概括，永远处于童年，这对近代全世界是非常幸运的。错误的恐慌是进步的死亡，而对真理的爱则是进步的保障。

9. 由于这些原因，对历史的批判应是最近四个世纪以来近代

世界发展的事了。当然，这并不是突然开始的。这种批判的预期 23
在较古老的文献资料中经常可以找到。但是，说近代思想特别注重历史，那还是对的。这种批判本身经历了几个阶段。

第一个阶段强调记载的确切性。柏拉图的确写了这篇对话吗？康士坦丁皇帝作了这种赏赐吗？诸如此类的问题是主要的论题。这个校正阶段注重细节，于是它被称为“校勘”(emendation)。这个《埃涅伊特》(Aeneid)的手稿是维吉尔(Virgil)写的真本吗？这是一个非常明确的问题。但是，荷马与《伊利亚特》的关系则比较模糊。也许荷马和他的同道者可能没有写，即使他们可能写了，他们也未见得写了《伊利亚特》。纸草非常少，记忆下来是比较容易的。因此，这部诗就为一群群弹唱诗人代代相传。他们对于细微末节的改动漫不经心。后来我们就有了与原文面目全非的记载。一切社会认识与议事录的概念也同样是模糊的。精确地记载这个概念有其局限性。

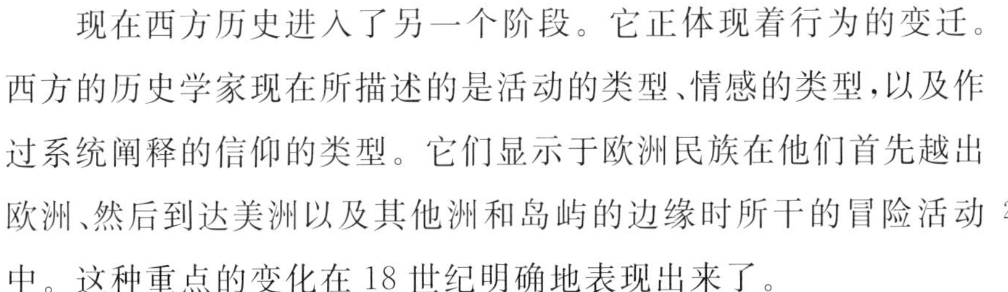

现在西方历史进入了另一个阶段。它正体现着行为的变迁。西方的历史学家现在所描述的是活动的类型、情感的类型，以及作过系统阐释的信仰的类型。它们显示于欧洲民族在他们首先越出
欧洲、然后到达美洲以及其他洲和岛屿的边缘时所干的冒险活动 24
中。这种重点的变化在18世纪明确地表现出来了。

例如，典型的博学批评家本特利(Bentley)卒于1742年，研究罗马帝国的衰落以及使它的活动富有生气的种种动机的吉本(Gibbon)生于1737年。吉本没有校勘过著作物的版本，本特利没有描绘过行为的变迁。在欧洲，这种变化可用卒于1707年的马比伦(Mabillon)和生于1694年的伏尔泰(Voltaire)为标志。当然，历史阶段是彼此交叉的。我说的是主要的占支配地位的兴趣。

在更早的时期，连兴趣很广的人文主义者伊拉斯谟（Erasmus）也发表了精确的版本。在19世纪，注意作历史的叙述更重于作精确的校勘。这种变化当然是有理由的，而一切历史研究的类型也是共存的。

在自然科学的影响下，历史的任务近来越来越局限于对前后相续的事实的叙述。这种知识的理想就是把注意力完全放在实事上。那些获得承认的关于因果关系的暗示被局限于对经济动机之类物质事物的陈述。

25 这种历史使它本身被局限于抽象的神话学。动机的多样性被排除了。谁没估计到宗教信仰的动力，谁就不能著述宗教发展史。天主教教会的历史不只是行为的前后相续史，它描绘从思维方式引申出来的因果作用方式。

因此，仅仅作为前后相续的历史研究慢慢失去了生命力。它是一种人为的信念。事实像汪洋大海，我们力图从各有关时代占主要地位的重要性的特殊形态中找出同格的线索。离开这些内在于每一时代的兴趣，就不会有语言，不会有艺术，不会有英雄气概，不会有虔诚。理想虽然处于实事之后，仍然给了实事的发展以色彩。

10. 实事是一种抽象，它是在把思维限制于纯形式关系时达到的，而后者又假托为最后实在。正因为如此，完善的科学就退化为微分方程的研究。具体的世界从科学的网眼中漏过去了。

试以度量的科学概念为例来考察。我们能不能通过权重欧洲的独裁者、内阁总理以及报纸编辑来说明欧洲的混乱局面呢？尽管可以获得一些有关的信息，这个说法依然是荒谬的。我不是主
26 张科学的无关联性。这样主张是愚蠢的。例如上面说过的人们的

体温的常规记录可能是有用的。我所指的是这种知识不够完善。

每一种社会制度实现着各种不同方式的兴趣。其中有些是占优势，有些处于背后。18 世纪不仅仅是理性的时代，16 世纪也不仅仅是宗教狂热的时代。例如，研究宗教改革的混乱局面而不牵涉到美国、印度、土耳其，也不牵涉到民族主义的兴起，不牵涉到印刷术近来的普及，那是可笑的。这些因素的关联性在于它们改变了流行的重要性的方式，而后者是与宗教兴趣相交织的。

宗教和道德的盛衰无常的历史，是把它们撇在一边、而推崇科学的较为稳定的一般性的那种广泛愿望的主要根据。不幸的是，由于自负要把宇宙看作是平凡事物的体现，这必然对美学、宗教和道德概念产生冲击。这些概念既是瓦解又是促进文明的力量。它们推动人类走上升的路，也推动人类走下坡路。当它们的活力减 27
弱时，一种慢性的衰退便发生了。新的理想接踵而至，并使社会行为的活力跟着它们增加。

注重实事意味着把枯燥乏味的东西抬到首位。对这种胜利的任何接近，就是给知识“一种不固定的和一种与世隔绝的品格”，这种品格避而不强调诸如宇宙对个人经验的影响而揭示出来的那些本质联系。

28 第二讲　表达

本讲涉及包含在**表达**这个概念中的各种不同观念。更为一般的**重要性**概念是由**表达**所设定的。某些东西必然会弥漫在可以造成某种区别的整个背景下。但这两个概念之间却有不同之处。就**重要性**与**宇宙**的关系来说，它主要地是一个一元概念。**重要性**如果局限于有限的个体情境，就不再是重要的了。从某种意义上说，**重要性**是从有限的东西中的无限性的内蕴中推导出来的。

但是**表达**是以有限的情境为基础的。它是有限性将自身印记于其环境之上的那种活动。因此它起源于有限的东西；它还将有限的东西的内蕴(immanence)体现于处于其自身之外的其众多同类者之中。这二者(即**重要性**与**表达**)一起，既是宇宙的一元方面的见证，也是它的多元特性的见证。**重要性**由作为一的**世界**通向作为多的**世界**，**表达**则是由作为多的**世界**给予作为一的**世界**的礼物。
29

选择从属于表达。有限事物的态势(mood)制约着环境。存在着一种活动的实有(entity)，它形成自己特有的视域，被置于周围世界。自然规律是不受人影响而起作用的大量平均作用。而表达则与平均没有任何关系。它在本质上是单个的。一旦平均处于支配地位，表达便黯然失色。

在环境中，表达是起初在表达者的经验中所接受的某种东西的散播。它并不一定包含有自觉的规定，而只有散播的冲动。这种渴求是动物界最简单的特征之一。它是我们关于外部世界的假定的最基本的证明。

事实上,外部世界非常紧密地与我们自己的本性相交错,以致我们不自觉地把我们关于它的较生动的视域与我们自己同一起来。例如,我们的身体处于我们自己的个人存在之外。但是它们仍然是这一存在的部分。我们想像我们自己在有身体的生命之中紧密地交织在一起,以致人就是身体与心灵的复合的统一体。但 30
是,身体是与它连在一起的外部世界的部分。事实上,它正像任何别的东西(一条河、一座山、一朵云)一样是自然界的部分。而且,如果我们做到可以吹毛求疵的精确,那我们就不能确定身体始于何处,外部世界终于何处。

试考察一个确定的分子。它是自然界的组成部分。它移来动去以百万年计。也许它是从一个遥远的星云出发的。它进入人体内;它可能是某种食用植物中的一个因素,或者它是作为空气的一部分被吸入肺内。它究竟是哪一刹那进入嘴中或者通过皮肤被吸收呢?它是身体的一部分吗?以后,它究竟在哪一刹那不再是身体的部分了呢?确切性在此是谈不上的,它只能通过某些琐碎的约定才能获得。

于是我们对于我们的身体就得出了这样一个定义:人体是作为人的表达的基本领域的世界的那个部位。

举一个例子。愤怒引起身体激动,这种激动又以适当的语言形式或者以其他激烈的行动方式表达出来。我们可以让生理学的各个不同部门的生理学家去分析由此引出的各种特殊的身体活动。哲学家应当力戒侵犯专门研究。它的职责是指出供研究的领

域。有些领域多少世纪以来没有研究过。它们缺乏卓有成效的开
31 端，或者人们对它们也许从来没有产生过兴趣。

在上面的例子中我们已经给一种动物的身体，即高等动物的身体下过定义，并且指出了需要探讨的种类。当然，人类从事这一研究已有数千年。不过对它们的全部意义还缺乏了解。哲学的任务就是唤起这种意识，然后与所有这一切专门研究的结果协调起来。

到此为止，我们所考察的是有感觉和表达的显性中枢的动物的身体。我们现在可以把定义扩大，以便把包括动物和植物在内的所有生物的身体都包含在内，这样定义就是：

如果自然界的一个部位本身就是从它的各个部分中产生的表达的基本领域，那无论这个部位在什么地方，它都是有生命的。

在第二个定义中，短语“从它的各个部分中产生的表达”取代了上面所用的短语“人的表达”。新定义超出人类之外，超出了高等动物之外，因而较前面的定义广泛。还要指出：这两个定义包含
32 了对**行为主义**的极端形态的直接否定。按照这种行为主义的理论，“重要性”和“表达”都必须排除，绝不可能合乎理智地运用它们。一个坚定的行为主义者不可能感觉得到驳倒我的命题的重要性，他只能有所行为。

高等动物的身体有两个方面。至此为止，我们还只提到了其中一个方面。第二个定义，即更广泛的定义使我们得以发现动物和植物的区别。对于这种区别，正像对于其他区别一样，不能要求它有一丝不苟的确切性。在动物中，存在着一种通过身体而表现其本身的经验。但这只说了一半。

要说的另一半是，身体由各种不同的经验中枢所构成。这些

经验中枢彼此以其本身的表达加之于其他中枢。感受（在这里所用的意义上）或领悟（prehension）是对表达的接受。因此，身体是由相互表达和感受的实有所构成的。表达是散播在环境中的感受的材料，而一个生物是经验的这两个方面（即表达和感受）的一种特别紧密的调节。由于这种构成上的原因，在一种最高的实有内便产生了一种得到调节的感受的多样性，这种最高的实有就是被看作是一个经验主体的一个动物。

因此，一个动物和本身看作是经验中枢的它的身体的各个不同部 33
分，在一定意义上地位相同。也就是说，它们是彼此生动地表达本身、并且主要依靠这种相互表达而获得它们自己的感受的经验中枢。

从另一种意义上说，作为经验的一个中枢的动物的地位，比它们身体的别的中枢的地位要高。因为这些从属的中枢是专门的东西。它们仅仅接受有限的情感类型，而感觉不到这些类型以外的东西。在整个身体内，各种不同的情感类型有一种复杂的协调。身体的组织使得感受的统一体（作为一种有知觉能力的存在的一个动物）从这些身体活动中取得了它的复杂多样的经验。因此，动物中枢的结合了的感受材料，其地位比它的身体的别的中枢的有关材料要高。

就植物的情况说，我们发觉身体组织显然缺乏一种比较复杂的经验中枢，无论是关于所获得的表达的，还是关于生来就有的材料的。植物的组织好像是一种民主制，而动物则为一个或一个以上的经验中枢所支配。但是，这种支配是有限制的，是有非常严格的限制的。对中枢的主导者的表达与主导者从身体所接受的材料相关。

因此，动物的身体展示了它的成分的表达活动中至少一个具 34

有有限的支配地位。如果这种占统治地位的活动与身体的其他活动割裂开来了，那全部协调就会瓦解，动物就会死亡。而在植物中，民主制可以分为一些小民主制。如果机能的表达没有大量明显地丧失，它们不难存活下去。

我们的陈述显然太简单化了。第一，动物和植物的区别并不是截然的。在植物中可以找到一些统治的痕迹，在动物中也可以发现一些民主独立性的痕迹。例如，某一动物的身体的一些部分在与身体的主要部分割开时，它们还能保持生命的活动。但是，能力多样性和生命力总要衰竭，而植物即使有这种衰竭，它们还是表现出平等和独立的特征。因此，一般植物和高等动物代表了我们称之为“生物”的使人眼花缭乱的多种多样的身体的两极。

其次，我们忽略了在植物和动物中会同样发现的一些机能的
35 区别。在植物的区系中，根、茎、叶、花和种子，所有这些按普通的观察是明显的东西，而植物学家的详细观察则给这些明显的区别的例证补充了成百种构成植物生命的生理学的其他机能活动。

如果我们回头来看动物身体，那对于支配经验的独一无二的统治概念就要加以限定。存在着一些实质上控制着身体活动的较低级别的主动者。心脏就是其中之一。从与足相比这点上来说，心脏的跳动是身体的活动所必需的。可以把一只足切断，这对内部器官的损害很小。而心脏则是极其重要的。因此，最高级的动物的身体很像一个有一位君主的封建社会。

动物的智慧的最后统一体也是对新情况的反应器官，是导出所需要的新反应情况的器官。最后，君主有退化为那种加于较低级别的统治者（如心脏）之上的常规习惯。动物能够以常规的手段来应付常规的新情况。但是,支配原则缺乏巨大的力量来突然引出任何较重要的新情况。

高等动物的身体与一复杂的昆虫(如蚁)群体有些相像。但是 36
个别的昆虫对于它们的问题的适应力似乎比它们作为一个整体的共同体的适应力要强。动物的情况相反。例如,一条聪明的狗对于新的生活方式的适应力就大于它的心脏在身体内发生作用的时候的适应力。狗是可以训练的,但它的心脏却一定是在非常有限的范围内本能地活动。

2. 当我们涉及人类的时候,自然界似乎会突破它的诸界限中的另一界限。享受和表达的中枢活动会在它的各种不同的功能活动的重要性中假定一条相反的路线。从概念上采纳未实现的可能性变成了人类精神活动中的一个主要因素。使人极为惊异的新事物就这样导入了。有时是赐福的,有时是诅咒的,有时完全是受到版权的特许或保护的。人类的定义是:在动物的这一个种中,中枢活动是在他们与新事物发生关系时发展起来的。这种关系是二重的。有的新事物得自身体的各种不同表达的聚集。就将这些新事物归结为表达的融合而论,它们需要加以确定。

其次,有一些感受的新事物是从采纳未表现出来的可能性中导引出来的。这个第二方面是人类概念经验的扩大。对这种概念感受的特征描述是对于可能有的东西和可能已有的东西的感觉。 37
它就是采纳非此即彼的东西。它在其最高发展阶段上变成了对**理想**的采纳。它强调上一讲中所讨论的对**重要性**的感觉。而这种感觉表现于不同的属中,例如道德的感觉,宗教神秘的感觉,作为美的调节的微妙的感觉,作为相互联系的必要性的感觉,作为意识的

每一个因素的区别的感觉。

同时，转向表达正是感受的本性。因此这些不同的感受的表达就导引出了不同于对动物行为的叙述的人类历史。历史是对人类所特有的感受的表达的记载。

但是，动物和人之间的转化有种种等级。我们在动物中可以看到情绪性的感受，那种感受主要是从身体的各种功能活动中衍生出来的，经常带有由概念的功能活动中导引出来的目的、希望以及表达的色彩。在人类中主要也仍然是依赖身体的功能活动。不过，人的生命的价值、它的重要性是通过未实现的理想借以使其目
38 的具体化并使其行动具有色彩的那种方式取得的。人和动物的区别在一种意义上不过是程度的区别。程度的大小引起了一切区别。跨过分界线，一切就不一样了。

因此我们在自然界中发现有四种现实事物的集合体。最低级的是无生命的集合体，其中的相互影响主要是可用形式科学（如数学）表达的一种形式特征的相互影响。无机界为平均性所支配。在它的各个部分中缺乏个别的表达。它们的选择的闪光（如果有的话）是不常发生的、无效果的。它的各个部分仅仅传递平均表达，所以结构残存着。因为这种平均性总是存在的，它使个体性受到窒息。

植物等级显现出一种从它的各个部分产生的合乎目的影响的民主制。有机体的主要目的是使它本身的协调的个别表现性存在下去。这种表现性有很大的平均性。不过这种平均性的本性是由它自己的身体组织的错杂性所支配的。它在无机界的非人格的平均形式上补充了协调的有机体的个体性。在无生命的物质中是纯粹潜在的东西，
39 在植物中已因苏醒而得到了某种实现。不过，在每一种植物中，整个

躯干的机体严格地限制了各个部分的表达的个体性。

动物等级中至少包含了一种为错综复杂的身体功能活动所支持的中枢现实事物。它显示出了超越(尽管是模糊地)单纯的生存目的的目标。对于动物生命来说,重要性的概念(就它的许多区别中的某些区别而言)有一种现实的关联性。动物中的人的等级无限地扩大了这个概念,从而引入了对各种重要性都极关重要的新的功能活动的事物。道德和宗教是作为人在每一情况下都朝向至善的这种动力的两个方面而产生的。道德在高等动物中即可看出来,宗教则不能。道德强调细节的情境,而宗教则强调宇宙所固有的理想的统一。

在从无生命的物质集合体到人体组织的每一社会集合体等级中,都有表达的必然性。由于平均的表达以及平均的接受,使纯粹物体的平均活动局限于与支配自然界的那些规律相符合。人体之显示出表达一个人的内心的感受(情感的和有目的的)活动,是出于个体性的表达和接受。

3. 这些身体的活动是极其多种多样的,具有强烈的选择性。 40
一个发怒的人除非掺杂了其他情感,通常不会对着整个宇宙挥拳。他做出一种选择,把他旁边的一个人撞倒。然而按照引力定律一块石头却无偏无倚地吸引着宇宙。

自然科学具有无偏性,所以它不能作为动物行为的唯一解释者。诚然,这块石头落在一块特殊的地上。其所以如此,是因为这一周围的宇宙表示一个微分方程的特殊解法。这个人之挥拳是出于一种情感:寻求宇宙中的一种新特征,即他的对手的摔倒。就这块石头而言,为普遍规律所支配;就这个人而言,必须以个人的满足来解释。这些享受受到普遍规律的约束，但是它们与其强度相适应而超越普遍规律，它们还引起单个的表达。

意识是高等动物的享受的选择性的第一个例证。它是从将生理功能的各种活动协调起来的表达中产生的。有一种毫无根据的说法，即：我们自觉地观察在我们周围起支配作用的自然界的那些
41 活动。情况恰恰相反，感觉意识并不易于区分它对于具体的身体功能活动的依赖。做到这样的区分通常意味着身体不健康。如果我们观察我们内脏的活动，那就意味着我们的身体出了毛病。我们把我们的身体的无限复杂这一点看作是不成问题的。

认识论的第一原理应当是：我们对于自然界的关系的不确定的、易变的方面是自觉地观察的首要论题。这不过是常识。因为对于它们我们知道如何对付。有机物的持久性是依靠它们自身的动量来维持的：我们的心脏跳动、我们的肺呼吸、我们的血液循环、我们的胃消化。对于这些基本活动加以注意，需要有高级思维。

高等动物已经显示出了一些对自然界的表面关系。例如视觉、听觉、嗅觉和味觉。这些联系可以相应于它们的高级性质而改变。例如，只要我们闭住双目，视觉经验就消失了。我们可以遮住我们的耳朵，听觉因此消失了。

作为精密科学基础的经验完全是表面的东西。瞎子和聋子能够做出人类生活中许多了不起的事情。他们被夺去了人类生活的
42 拐杖。公路上的交通信号灯对于执行现代任务是有用的。但是没有汽车，没有交通信号灯，也有伟大的文明。

然而，虽然这些感性经验之中任何一种对于有机体的存在都不是必不可少的，其整体则是高等动物的发展所必不可少的。人

类与具有类似能力的动物的区别在于他们有直接接受新事物的能力。这要求有一种能够想像的概念的力量和一种能够发生作用的实际力量。感性经验的作用在于它们是易于驾驭的。

动物引发和加强了它们与自然界的联系的表面方面，它们由此获得了一种了解世界的易于驾驭的手段。人的心灵是有机体的核心，它所关心的主要是人的存在的细微末节，它并不轻易去沉思身体的基本功能。它不是注意身体对植物性食物的消化，而是抓住阳光照在叶子上的光彩。人的心灵是诗歌的源泉。人是宇宙的产儿。他们具有一些莫名其妙的进取心和不合理的希望。一棵树
的不移的活动仅仅是为了活下去。一只牡蛎与此有了一些细微的 43
区别。依此，活下去的生活目标在人那里就变成了为了各种各样有相当价值的经验的生活目标。

哲学的陷阱在于专门注意这些易于驾驭的关系，而忽视了自然界的基本的必然性。于是思想家们拒绝我们内心的模糊的经验，而喜欢仅仅玩弄与对基本实在的虚构相联系的各种不同的感觉。我现在认为，在我们的整个经验构成中包含了我们与其他事物的关系及由行将产生的事物构成的新关系。现在继承了过去，建构了未来。但是，持久性的程度和必然稳定的程度是各不相同的。

许多世代以来，人们试图把我们的终极见识解释为仅仅能说明感性印象的东西。的确，这个思想派别可以直接追索到伊壁鸠鲁。它可以援引柏拉图的某些词句。我认为这种哲学理解的基础类似一种阐述完全是由公路上的交通信号灯衍化过来的现代文明
的社会学的努力。车辆的行驶是由这些信号灯调度的。但是这些 44
信号灯不是交通的原因。常识证实了这一结论。因此这种说明绝

大多数是没有必要的。

上世纪流行的认识论所否定的正是这种直接的见识。它就其细节说虽然模糊,但仍是一切合理性的基础。兴趣和重要性是精确地区分感性材料的主要原因。交通信号灯是交通的产物。

重要性产生兴趣,兴趣导致区分。这样兴趣就增加了。兴趣和区分这两个因素彼此推动。最后,意识逐渐地、断断续续地发展起来了。它成了推动的另一动因。

4. 这一讲的主题是**表达**。因此我们现在来谈一个突出的例证,说明人类怎样把他们与世界的易于驾驭的联系虚构成一种表达手段。语言是人类天才的胜利,它甚至越出错综复杂的现代技术。它表现出了维持了两万年之久的普遍的理智。值得注意的
45 是:在看和发声这两个不可兼得的东西中,发声是最早发展起来的媒介。也许曾经存在过手势语言。这种语言的确有迹可寻。但是手势语言有一个弱点,即人们在使用这种语言时不能做很多别的事。发声的优点在于我们在讲话时四肢可以自由活动。

但是,不自觉地利用发声还有更为深刻的原因。手和臂是身体不那么必要的部分。我们没有它们也能生存。它们与身体的存在并不休戚相关。而在发声时肺和咽喉都发生作用。所以在说话时,就有肤浅、并易于控制的表达散播开来,而且,有机体存在的模糊的内在性的感觉也被激发出来。因此发声是有机体存在的深层经验的天然符号。

这种实在的感觉对于符号论的有效性至关重要。当面交谈比听录音更有价值。如果大学里的各个系可以被五十部留声机和几千张唱片取代,那是最经济不过了。我们的确可以认为16世纪出

版的书取代了大学。其实恰恰相反，16 世纪和 17 世纪是教育基础发展中的一个积极时期。实在的感觉单靠感性材料（无论是听 46
觉或视觉材料）绝不可能恰如其分地证实。存在的联系性所涉及的是理解的本质。

语言有两种功能：与他人交谈和与自己交谈。后一种作用往往被忽视了，所以我们打算首先来研究它。语言是从一个人的过去到一个人的现在的表达。它是与过去的实在紧密相联的感觉在现在的再现。因此过去的经验在现在仍然清晰。这种清晰性得之于非常确定的感觉材料。这样，清晰的记忆是语言所赋予的，而语言被看作是从一个人自己的过去到一个人自己的现在的表达。

其次，通过接受说话人的连贯的句子，可以利用共同的语言将听众的以词表现的片断的过去的经验重新结合成为一种新的、富有想像力的经验。因此，在语言的两种作用中，直接的、富有想像力的经验大大增加了，并且带有实现或可能实现的标记。

当我们考察语言的内容时，即考察它所表示的经验时，值得注意的是它怎样大大地偏离高级感觉的抽象。它的意义包含了彼此为起因的现实事件的具体关系。笛卡尔在他的《形而上学的沉思》 47
中称之为“客观实在”（realitas objectiva）的东西包含于大多数句子中，特别是那些记录较为简单的经验的句子中。

例如，试考察一下本讲开头举过的关于一个发怒的人撞倒他旁边的人的平常例子。我们每一个人对于这样一番景象做出一个图画想像。但是，想像的感觉之流并不是我们的思维的本质所在。一个事件能够以许许多多方式引起感性图式。它既可以在白天引起，也可以在夜晚引起；它既可以在大街上引起，也可以在家里引起。各种各样的态度中每一种对于胜利者和失败者都是无偏的。但是，在所有这些模糊的感觉材料中，都肯定了接连不断的事件之流。这样就使发怒的人的拳头完全扰乱了他的被害者的身体的稳定性的功能活动。这不是一种受到肯定的感觉之流，而是作为发怒的人的表现结果的身体的摔倒。

同时，一个人发怒无疑会影响到他自己的身体的活动。用显微镜作精密的生理观察能够给观察者提供许多视觉材料。其次，试考察由一个人打倒另一个人的概念所引起的各种各样的感性图
48 像。将它们结合在一起的是什么呢？它们本身不过是视觉材料的不同的结构。它们的统一性是由它们所暗示的世界的联系过程的类型所构成的。

如果抛开这个专门的例证，那从同一种行为得出的不同的感性经验就有统一性，也就是行为的同一性中的统一性。解释可以用不同的语言，可以加之于视觉或听觉材料的各种不同的转化形态上。但这些解释仍是指同一种行为，而行为也可以不是纯物理的。英雄气概、勇敢、爱憎都可以描绘发生的事物的特点。

语言的本质在于：它利用了经验中的这样一些因素，后者最易于抽象出来供人自觉接受，也最易于在经验中再现。经过人类长期利用，这些因素与它们的意义联系起来了。这些意义包含了极为多种多样的人类经验。每一种语言都记载了一种历史传统。每一种语言是利用这种语言的社会制度下表达的文明。语言是表达的系统化。

在所有这些表达思维的方式中，语言无疑是最重要的。人们甚至
49 认为语言就是思维，思维就是语言。例如句子就是思维。许多学术著

作都默认了这一理论。有不少学术著作明白地阐述了这一理论。

如果采纳了关于语言的这种极端理论，那为什么可以将一种语言译成另一种语言，或为什么在同一种语言中可以将一个句子转述为另一个句子，就难于理解了。如果一个句子是一种思维，那另一个句子是另一种思维。诚然，任何翻译和转述都是不完善的。但是，如果一个词，或者一个音节、一个词序不是同一的，那怎样达到这种不完善的翻译或转述呢？如果人们求助于语法，那就是求助于一种处于词、音节，或词序之后的意义。我们有些人力图发现表达我们的观念的词。如果词和词序结合起来构成观念，那这种努力如何产生呢？这样我们就会一方面力图获得观念，另一方面又意识到未用语言表达出来的观念。

现在让我们承认语言不是逻辑思维的本质所在。但是这一结论必须仔细加以限定。如果没有语言，思维的维持、思维的从容恢复、思维的交织为更为复杂的东西、思维的交换，都要大大地受到限制。人类文明是语言的结果，而语言又是向前发展的文明的产物。思维的自由是由于语言才得以可能，因为正是由于语言，我们 50
完全摆脱了主观心情和客观条件的直接性的束缚。我们西方关于自由的概念是从雅典人那里继承过来的。他们运用了一种因其精致的变化而最为优秀的语言。这一点绝非偶然。

否认语言是思维的本质所在，并不是肯定离开与语言协调的其他活动思维是可能的。这些活动可以称为思维的表达。如果这些活动满足了一定条件，它们就被称为一种语言。这几讲的总的题目是讨论思维与它的各种表达活动的相互制约。

这些情感的和物理的活动的历史比思维的历史悠久。当思维处于胚胎中时，这些活动就已为我们的祖先所有了。思维是与它同时发生的这些活动的产物，而当思维出现时又改变了这些活动。与表达脱离的纯思维概念是知识界的虚构。思维是兴奋的一种巧妙的方式。它像一块石头投入水池一样激起我们整个存在的波澜。不过这个比喻不恰当。因为我们应当把波澜看作是投石入水引起的东西。波澜引起思维，而思维扩大和歪曲了波澜。为了理解思维
51 的本质，我们必须研究思维与思维在其中发生的波澜的关系。

5. 但是，撇开关于思维的起源和结果的这些细微的区分，而就通常以最单纯的方式所理解的而论，语言表现为思维在习惯上的结果和思维在习惯上的显现。为了理解思维的方式，我们必须努力返回到心理学。因为心理学造成了语言的文明。如果人们想反过来表述，那就是造成文明的语言。

首先需要指出，我们现在运用两种形式不同的语言，即有声语言和可见语言。人们既有口语，也有书写语。书写语的出现为时不久。即使我们承认原始的图像中有书写语的模糊的先兆，书写语的历史也不过一万年。但是书写语作为一种具有广泛影响的思维的有效工具，大概顶多只有五六千年。

作为人类经验中的一个因素的书写语可以与蒸汽机相比。它是一个重要的、历史不久的、人工的因素。口语的历史和人性本身一样悠久。它是构成人性的基本因素之一。不过我们不要夸大。
52 现在，如果口语在意外的情况下丧失了，还可以用其他办法把人的全部经验引导出来。但是，口语由于发展成了一种一般的社会成就，因而仍是人类的成长中一个主要的创造因素。口语是人性本身，它没有一丝一毫书写语所有的那种人工因素。

最后，在我们的日常经验中，我们现在已非常习惯地把书写语和口语混杂在一起。当我们讨论语言时，我们几乎不知道我们指的是口语还是书写语，或者二者的结合。但是，口语和书写语的这种结合是非常新近的事。大约在五百年前，能够阅读的只有少数人，至少在欧洲人当中是如此。这一点是宗教的象征意义以及客店和商店挂有图的招牌的一个最主要的原因。大贵族的纹章是书写的代替物。书写对于语言的心理学的影响是文明史上被忽视的一章。

口语在它表现于动物和人类的行为的胚胎阶段，其变化是在情感表达和信号之间发生的。在这样的变化过程中，它很快变成二者的混合物。在语言的越来越精确的发展中，口语保留了这三个特征，即：情感表达、信号以及二者的相互结合。但不知为什么，在发达的文明的理性化了的语言中，这些特征却消退到背后了。它们使
人想到失去了其支配地位的某种东西。如果我们不注意语言的功 53
能中的这种微妙的变化，我们就不能理解三千年以来的新近的文明中的思维方式。对于语言预先作出的假定是各式各样的。

语言在产生时对于直接境况有一种起支配作用的关系。不管它是信号还是表达，它首先是对于这一环境中的那种境况的这种反应。在语言的起源中，直接当下的特殊性是所表达的意义中的一个突出因素。种名“鸟”仍以未分辨的意义为基础；在某种另外的机缘下，即使这些特殊的鸟也不过是模糊地被感觉到。语言首先所表达的是此时此地在这些环境中注意力指向这些鸟。

语言从某种特殊环境下作出的假定中逐渐达到了它的意义的抽象。法语辞典于一定日期在巴黎出版这个事实与词的意义在辞典中所得的解释是没有关系的。与英语“绿色”这个词同义的一个

法语词的意义正是“绿色”，而这与欧洲或行星系的状况没有关系。
54 “绿色”就是“绿色”，此外别无意义。人们一旦按照这个词的意义
理解了这个词，就没有什么再可说的了。

当然，我们比我们的祖先文明得多。他们只能想像与某一特殊的春天的早晨有关的绿色。我们的思维能力、分析能力、记忆能力以及推测能力无疑是不断提高的。我们不能以生于能够撇开春天来谈论绿色的人当中这一点而过分沾沾自喜。在这一点上，我们必须记住一条警告：什么都不要过头（Nothing too much）。

只要语言主要是口语，那对于环境的某种特殊性的关系就是最主要的关系。试考察“一个温暖的日子”这句话。在按标准辞典解释的书籍中，这些词具有与地球转动、太阳存在以及科学的湿度理论相关的一般化意义。现在我们撇开辞典，忘却一切科学的枝节，那样，根据专门知识得出的这种抽象，用“一个温暖的日子”这个不由自主说出口的话表示的经验，与得克萨斯的说话人或者北海之滨的英国的说话人的经验就会大不相同。但是意义的同一性仍是存在，什么都不要过头。

我们必须把语言理解为对作为知识的基础的有同一性的东西
55 （identities）作出表达，理解为对与环境相关联并作为存在的本质
的特殊性作出假定。口语耽于社会交际的直接性。书写语藏之于册，它抽出了显著的环境而在不同的时间和不同的地点被打开阅读。在此我们发现了写和讲融合的例证。朗读是一种艺术，读者可以读得大不相同。这样环境的直接性与书写的抽象性就发生关系了。

语言的发展所固有的抽象有其危险。它使人脱离直接世界的

实在事物。它脱离了平衡的重点，而终结于那些机敏的人士的琐事之中。然而，尽管有许多危险，文明的最后兴起还是由于这种抽象。这种抽象对概念经验作出了表达，概念经验潜在于整个自然界，尽管是以与平均事实非常符合的形式保持下来的。在人类那里这些概念经验是协调的。它们通过其整个环境表达自己。这种协调有审美的和逻辑的两个方面，这两个方面将成为我们下一讲的主题。

最后需要对我们今天下午讲的作个总结。这一讲不外是将一 56
些古老的文明思想加以翻新，而这些思想所涉及的是从地球上生命视域中所看到的**宇宙**的发展。在比较近代思维和古代记录时，我们必须记住翻译的困难，以及任何一个力图获得处于市场的日常语汇之后的思维的语言表达的思想家的困难。例如，如果我们一定要用英语木材（wood）一词来翻译亚里士多德的形而上学的一个基本词汇[①]，并且一定要给这个词以最准确的意义，那我们对亚里士多德的形而上学思想的认识就会大不相同。显然，在三千年以前就有一些深刻的思想家，他们的想像受到了他们所处时代的肤浅的表现形式的束缚。

但是，我们能够从缺乏想像力的学者所编辑和改编的记载中识别从地球上生命视域中所看到的宇宙进化概念。我们能够识别包含了大量的物理等级、植物和动物等级的分类，识别最后产生的人类生命。

---

① 指亚里士多德的“质料”概念。这个概念希腊文为 hele，有木材之意。——译者

我们也能够识别根据给事物命名的天真的、幼稚的想法而把语言和人类经验的产生交织起来的概念。事实上，整个古代的想法都是极为单纯的。但是，近代翻译的夸张的一般性所达到的不
57 外是避免各个不同阶段之间的过分确定的区分以及对所包含的动因的过分简单化。

本讲是根据内蕴，根据作用和反作用而写成的。它关于人性的最后结论是：人类的精神活动和人类的语言彼此创造。如果我们想肯定语言的产生是一个给予的事实，那说人类的心灵是语言给予人类的礼物就一点不是夸大。

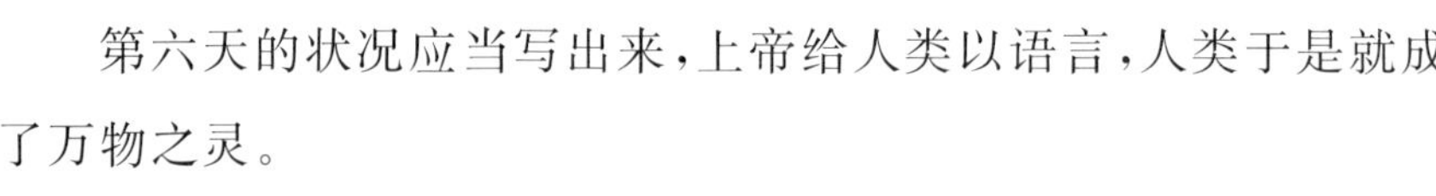

第六天的状况应当写出来，上帝给人类以语言，人类于是就成了万物之灵。

第三讲　理解 58

上面两讲讨论了**重要性**和**表达**。**理解**这个概念是我们力图以之来分析人类理智的三个概念中的第三个概念。我们探求的是理解**理解**。

我提请大家注意，整个说来，这是一项无法完成的任务。我们可以阐明理智的片断方面。但是，总是有一种理解不能为我们所领悟。其理由是：脱离被理解的事物的纯抽象的理智概念是一种神话。因为全面的理解乃是完全掌握整个**宇宙**，我们是有限的存在，我们不可能有这种掌握。

这不是说，有一些事物的有限方面在本质上不可能纳入人类认识范围之内。任何存在的事物，就其与其余事物的联系的有限性而言，都是可以认识的。换句话说，我们可以根据任何事物的某种视
域来认识任何事物。但是，整个视域则包含了有限的认识之外的无 59
限性。例如，我们可以根据“绿”色的某种视域来认识绿色。但是，在宇宙的其他时代，当其他的自然规律起作用时，绿可能是什么，则是我们所想像不到的。不过没有任何事物在本质上不可认识，因为随着时间的推移，人类可能获得一种洞察自然界其他可能性的想像力，从而获得对于其他想像的时代的绿的可能性的理解。

有一首关于约 80 年前剑桥三一学院院长休厄尔博士（Dr. Whewell）的诗。这首诗是人所共知的。其中写道：

我是这所学院的主事，
我所不知道的东西，
就不是知识。

这种态度在知识界中一直流行。它使想像的思维枯竭，从而阻碍了进步。

在我们对**理解**的讨论中，这是我想反对的第一个异端。我并不把这个异端之名加之于休厄尔博士，虽然据说他由于博学而自
60 高自大。我要说的是理解从来不是一种完全静止的精神状态，它总是带有不完全的和局部的渗透过程的特征。我完全承认理解的两个方面都涉及我们的思维方式。我的论点是，当我们在渗透过程中来体认自己时，我们所具有的自我认识比我们对理智工作的一种完成感受到的要更为充分。

当然，从一种意义上说有一种完成。但这种完成预先假定了与某种特定的未确定的环境的关系，它置于一种视域之上并有待探索。这就像我们有大量关于“绿”色的知识，但是这种知识受到**世界**在现时代的视域的限制。它与一种确定的、未探索的广泛性相关。而这种广泛性本身只能由它与其他广泛性的关联来理解。

雪莱在他的戏剧诗《古希腊》的一段合唱词中写道：

世界之上的世界永远簸颠，
从创造到毁灭，
有如江河上的水泡，
晶莹劈啪地流泻。

61 在这条**创造**的通道中，**理解**受到其有限性的限制。另外，在无限的有限事物中，没有任何有限的东西实质上是否定无限性的。这样

的无知是偶然的，而认识的这样的可能性揭示了它与已知事物的未探讨的方面的关联性。任何有限的东西的认识总是包含了对无限性的一种关联。

文明的思想发展所必要的专门化在上一世纪对于学者的哲学见解、从而对于促进学术工作的机构的发展，发生了最为不幸的影响。大学中各个系都自此强调各自的独立性。一个大学所获得的声望，也与它的这种专门化的扩大成正比。

随着科学的发展，人们理解的宽度变窄了。十九世纪是一个取得了伟大成就的时期，这些成就可谓数不胜数。但它未能产生对于各种各样的兴趣、各种各样的潜在的东西都有敏锐的认识的学者。它在应当力求理解的地方却做了批判和推翻的工作。每一个时代的兴趣的详细状况，从这个时代以外的眼光来看，是理解的深度和状况的琐碎的一种粗糙的混合。但是为了理解存在的本性，我们必须把握这样一种深度的本质特征，这种深度超出一切错
误的细节，它是该时代可以识别的生活的上升的主要原因。但是 62
在此必须补充另外一种限制，那就是如果有上升的话。

上世纪是文艺复兴时代在产生它的后继者时所受的种种痛苦中的最后阶段。文艺复兴时代本身就有一些妨碍智慧的兴趣正常扩展的限制，它起源于看作是文明的生父的希腊人的学识。毫无疑问，欧洲之受惠于希腊是难以用言语形容的。但是，希腊思想，即使扩展为希腊一希伯来一埃及思想，毕竟只代表重要性的多方面的方式的一个有限的方面，而重要性一直在人类意识的边缘产生推动力。

我们必须进一步努力来求理解。在十九世纪，希腊学者显得

比最优秀的希腊人狭隘，基督教学者显得比最优秀的早期神父狭隘，科学家显得比数学和自然科学的创始人狭隘。总的说来，十九世纪所知道的比希腊人、神父和科学的创始人加在一起所知道的多得无可比拟。但是，现代人对于潜藏于背后的大量可供选择的东西（伟大的或令人憎恶的，伺机推翻我们的肯定时间不长的传统
63 的）失去了感觉。如果文明需要存在下去，那扩大理解是头等重要的事情。

2. 什么是理解呢？我们怎样得以说明它的特点呢？首先，理解总是包含了结构概念。这个概念能够以两种方式中的一种出现。如果被理解的事物是结构的，那就可以按照这一事物的因素以及将这些因素构成这一整个事物的交织的方式，来理解这一事物。这种理解的方法会显示出一事物为什么是一事物。

第二种理解方式是把事物看作是一个统一体（不管它能否作分析），并获得关于它对其环境起作用的能力的证据。第一种方式可以称为内在的理解，第二种方式可以称为外在的理解。

但是，这种说法还只说了事情的一半。两种方式是相通的。即一者预先假定它者。第一种方式把事物看作是一种结果，第二种方式把事物看作是一个表示原因的因素。按照后一种阐述我们的意义的方法，我们把宇宙的过程纳入到了理解概念之中。对于过程预先作出的假定的确好像涉及我们以前的分析。我们可以把
64 这两种解释意义的方法当作是运用来理解自然的历程的方法。

诚然，只要与过程的关系未弄清楚，任何事物最后都未被理解。但是，撇开了与无理性的事实的通道的关联的那种理想关系的理解是存在的。就这种关系概念而论，不存在转化。

例如，从一种意义上说，在全部数学中都没有转化产生。相互关系表现于它们的超时间的永恒性。诚然，在数学讨论中有时间概念、接近概念和近似概念。但是运用于科学中时，时间的时间性和接近的运动都被撇开了。照一般理解，数学中的理想事实是自明的。

即使在数学家中，范围广宽的理解也很少。存在的是关于理解的片断的知识以及这些片断之间的联系的片断知识。这些联系的细节也被理解了。但是这些知识的片断是彼此连接的。它们并不是结合成为一种广泛的自明的并列关系而存在。对于近来已受注意的细节，充其量只有一种模糊的记忆。

自明的细节的这种连接被称为“证明”。但是，数学的广泛的自明性是人类所达不到的。

举一个例子。1 和 4 相加所得的和等于 2 和 3 相加。这个知 65
识片断在我看来是自明的。这是一种初等的浅显知识。但是，除非我自欺，对它我是看得清楚的。如果引入了较大的数字，那我就不大会肯把任何这样的知识说成是自明的。我不得不对证明有所轻蔑。其他人具有更广泛的力量。

伟大的印度数学家罗摩努间（Ramanujan）的早死如同伽罗瓦（Galois）的早死一样，是科学的一种损失。就以他为例来说吧！据说，第一百个整数的每一个他都很娴熟。换言之，他对于自明的见识以及他对这种见识的喜悦，在性质上与我们大多数人对于到5 这个数字为止的整数所感觉到的相同。从个人来说，我所娴熟的不可能甚于这个数字。按照我自己的情况，这个数字的限制也多少妨碍了罗摩努间所享有的那种喜悦感的增加。

我承认对于关系模式有很大的兴趣。在这种关系中，数的关系和量的关系完全是次要的。我提及这些我个人的细节，为的是
66 强调自明性可以假定的极其多种多样的特征。这种假定既可根据自明的结构的范围，也可根据其特征。上面已经提到的“完成”感是出于我们的理解的自明性。自明性实际上就是理解。

渗透(penetration)感也系于我们对可理解性的经验之上，它必然与理解的增加相关。离开某种增加的感觉来感受完成实际上不能达到理解。因为这不能朦胧地感受到与外在事物的未探讨的关系。在某种完成感之外来感受渗透也不能达到理解。因此渗透本身的意义不完全，它缺乏成就。

3. 我们现在来讨论“证明”(proof)概念。从“证明”一词的严格意义来说，我所提出的这个论题把“证明”当作是一种薄弱的第二位的程序。如果用了“证明”一词，那进入人心的下一个概念就是半心半意(half-heartedness)。除非证明引起了自明性，从而使它本身成了不必要的东西，那它就会导致一种二等心态，引起缺乏理解的行动。自明性是一切伟大之处得以支撑其自身的基本事实，而“证明”则是人们经常借以获得自明性的途径之一。

67 作为这种理论的一个例证，在哲学著作中证明应当尽量少。应当把全部力量用之于表现关于事物的本性以及它们的联系的基本真理的自明性。应当指出，逻辑证明从前提出发，而这些前提以证据为基础。因此证据是以逻辑为前提的。它至少以逻辑具有某种重要性这个假定为前提。

哲学是将事物的本性的基本证据显示出来的基本尝试。一切理解都以这种证据的假定为转移。一种正确地用语言表现出来的

哲学将会调动一切前提所假定的这条基本经验。它使人心的内容成为易于驾驭的东西；它给片断的细节增加了意义。它揭示结合和分离、一致和不一致。哲学是对支配特殊思维方式的抽象的批判。

可见，无论从哲学这个名词的何种意义来说，哲学都是不可证明的。因为证明以抽象为基础。哲学总是自明的，否则它就不是哲学。任何哲学论说的尝试都应当产生自明性，而达到这样的目的当然是不可能的。然而不管怎样，哲学中的一切推论都标志着一种不完满，而这种不完满与人的一切努力相伴随。哲学的目的是纯粹的揭示。

哲学的最大困难是语言的失误。人类的日常交际所涉及的是 68
变化万千的情况。没有必要提及自明的事实。因此，在比较固定的空间关系成了自觉分析的题目以前，狩猎场成千年被描绘于洞壁上，当希腊人需要表达自然界的现实事物的终极特征的名词时，他们就不得不利用水、气、火、木之类的名词。

当从美索不达米亚到巴勒斯坦、从巴勒斯坦到埃及的古代世界的宗教思想需要用之于表达**宇宙**的方向的最高统一性（这种统一性为一切秩序所依赖，它给重要性以意义）的名词时，他们除了模仿统治**尘世**帝国的暴戾的、自负的和专横的暴君的特征外，找不到更好地表达本身的办法。在文明宗教的起源中，神类似于专制君主。我们现代的礼拜式仍有这种痕迹。这种陈旧概念的最有力的否定散见于佛教教义和基督教福音书中。

语言处于直觉之后。哲学的困难在于表达自明的东西。我们的理解超出了语汇的日常应用的范围。哲学与诗相类似。哲学是寻找诗人作出生动暗示的惯用语汇的努力。它力图把密尔顿 69

(Milton)的力息达斯(Lycidas)简化为散文,从而力图创造一套可以用于思维的其他联结的语言符号。

哲学的这种关联性说明了一个事实,即理解主要不是以推理为基础。理解是自明的。但是我们的直觉的清晰性是有限的,而且明灭不定。因此推理是我们用以达到我们所能达到的那些理解的手段。证明是扩大我们的不完满的自明性的工具。它们预先假定某种清晰性,它们也预先假定这种清晰性表现了我们对于周围世界(事实的世界、可能性的世界、价值的世界、目的的世界)的模糊不明的认识的一种不完满的渗透。

4. 讨论到这里,我们要注意明白地认识事物的另一方面。这就是一种一般特征,其特殊形式有“无秩序”、“罪恶”、“错误”这些不同名称。事物在某种意义上会脱轨。于是,由坏变好的改正概念或者由好变坏的衰败概念就会进入到我们对于事物的本性的理解之中。

70 哲学家们受了一种诱惑,即他们要编造关于对诸因素加以调整的神话。然后作为补遗引入破坏(frustration)概念作为第二方面。我认为,这是根据十九世纪的,甚至是伟大的斯宾诺莎的一元论的唯心主义而作的批判。说一元论哲学中所设想的**绝对**会引起其自身的细节的混乱是完全不可信的。

没有理由认为混乱不及秩序那样重要。我们的任务是得出一般概念,这种概念为二者都留有余地,还指出了扩大我们的渗透力的道路。我建议我们从**宇宙**的两个方面的概念出发。这个概念包含了一个统一性因素。按其本质说,这个统一性因素包含了事物的联系性、目的的统一性和享受的统一性。重要性的整个概念与这个终极的统一性相关。在**宇宙**中还有一个同样重要的东西，即杂多性因素。存在着许许多多的现实事物，每一个都有单独享受的经验，但又彼此需要。

对统一性的任何描述都要求有许多现实事物，而对许多现实事物的描述需要得出重要性和目的的统一性概念。由于许多事物 71
在本质上有个别性，于是有限的实现就有冲突。因此将多加总为一以及重要性从一到多的导引，就包含了关于无秩序、冲突、破坏的概念。

这些是宇宙的基本方面，对存在的各个方面进行思考的常识将这些基本方面赋予哲学，以便阐明理解的某种连贯性。如果哲学简单地忽视了难题的一个方面，那就是规避自己的责任。我们绝不可能完全理解，但我们可以增加我们的渗透力。

如果存在着一种完全的理解，那任何特殊项目就属于已经清晰的东西。这样它就不过是已知的东西的重复。在这种意义上存在着同语反复(tautology，重言式)。同语反复是在理智上对**无限者**的逗乐。

也正是在同样的意义上，选择特殊项目来加以强调同样是随意的。它是**无限者**用以控制它的注意中心的约定。

对于有限的个人来说，存在着根据其本身的经验对于新事物的渗透，而对于细节的选择则服从个人由以诞生的因果关系。哲学有在属于无限者的观点和属于有限者的观点之间摇摆的倾向。因此，尽管理解是不完满的，只要模式已被识别出来，它就是模式的自明性的证明。同样，对于有限的经验来说，推理是进一步渗透 72
这种自明性的成就。

部分地被理解的模式，按照它所排斥的东西较之按照它的完成所蕴涵的东西，要更为确定。按蕴涵而言，完成的其他方式是无限的。但是，只要存在着加之于未完成的发现的任何确定性，就肯定有一些因素被排除在外。逻辑之以不相容性概念为基础，是大约在二十年前由哈佛大学的亨利·舍菲尔（Henry Sheffer）教授发现和提出的。舍菲尔教授还强调指出模式概念是**逻辑**的基本概念。这样，就使数理逻辑获得了一个重大的进步。

第一，如果把**逻辑**建立在不相容性概念的基础上，那肯定引入了关于有限者的概念。因为正如斯宾诺莎所指出的，有限者就是排斥了可与其本身比较的其他事物的东西。因此，不相容性把**逻辑**建立在斯宾诺莎的有限者概念的基础上。

第二，正如舍菲尔指出的，从这个不相容性概念中可以得出否定概念和推理概念。这样就为整个**逻辑**运动做了准备。我们可以指出，**逻辑**的这种基础意味着破坏这个概念更加类似有限的精神，
73 而和谐的结合这个概念则是从一元论的宇宙这个概念中引申出来的。哲学的任务是使世界所表现的这两个方面协调起来。

第三，**逻辑**的这种基础启发了我们对于过程的理解，而过程是我们经验中的一个基本事实。我们处于现在，这个现在是变化不居的。它源于过去，孕育未来，而且正在通向未来。这就是过程。而在宇宙中，过程是一个无可辩驳的事实。

5. 但是，一切事物如果能够结合起来，那为什么会有过程呢？对这个问题的一种回答体现了一种对过程的否定。按照这种回答，过程不过是现象，对于终极实在来说没有意义。在我看来，这种解决问题的方法是很不适当的，为什么不变化的事实的统一能

够引起变化的幻想呢？可以肯定地说，满意的回答一定体现了一种对于将变化和永恒（二者相辅相成）交织起来的理解。这种交织是一个基本的经验事实。它是我们关于人格的同一性、社会的同一性以及一切社会学上的功能活动的概念的基础。

现在我们必须考察不相容性和过程之间的关系的另一方面。
不相容性指的是：构成一对命题各自的意义的事物的两种状态不 74
可能并存。它否定了这些意义之间的一种可能的连接。但是，这些意义却结合于关于不相容性的判断本身之中。这是一种混乱。当柏拉图让他的著作中的一个人物说“非存在是一种存在”的时候，他提到了这种混乱。

我所得出的结论是：“结合”（together）一词以及所有表达一般连接的词，如果没有一定的说明，就是非常混乱不明的。例如，“和”（and）这个普通的词就是含混不明的所在。使人感到非常惊异的是：对于表达连接的词的含混性作的分析太少了。这些词断送了推理的确切性。遗憾的是：在用最完美的文学形式表达的句子中这些词用得很多。因此，一种美妙的文学体裁并不能保证符合逻辑上的相容性原理。

在阅读哲学文献时，对于表达连接的每一个词都必须仔细加以思考。如果它在同一个句子中用了两次，我们能不能肯定这两次运用体现了至少足以进行讨论的同样的意义呢？

我认为，古代和近代逻辑中的一些有名的矛盾是从这种含混不明中产生的。许多形式上非“连接词”的词表达了连接的意义。
例如，“类”（class）这个词具有“和”这个词的各方面的含混不明之 75
处。对于模式的理解以及对于包含于各种不同的模式中的连接词的理解，以对这些含混不明之处的研究为转移。在这个问题上，哲学文献是非常天真的。许许多多的有力的和使人信服的论证都落进了这个陷阱之中。

现在我们必须回到关于“不相容性和过程”这个论题上来。两个命题（我们可以称之为 P 和 Q）不相容这种说法的意思是：按照以某种预先假定的环境所勾画出的结合方式，命题 P 和 Q 的意义不可能都显示出来。二者之一的意义要么不可能显示出来，要么能够显示出来，不会两种情况都有。于是过程就成了宇宙借以避免排除不相容性的方式。

这种排除属于情况的有限性。由于过程，宇宙摆脱了有限者的局限性。过程是有限之中的无限的内蕴。由于它，一切界限都打破了，一切不相容性都消融了。

任何特殊的有限性都不是加于宇宙之上的最高限制。在过程中，宇宙的有限的可能性通向它们的实现的无限性。

76 按照事物的本性，不存在用逻辑名词表达的终极的排除。因为，如果我们把自己的注意力投向整个时间的推移，就会看到两种实有。由于它们是在漫长的过去的某一天在地球上发现的，因此是不相容的；是在不久以前的过去的另一天发现的，因此是不相容的。如果我们从所包含的整个时期考虑，那这两个实有可能相容。一个实有出现较早，另一个实有出现较晚。这样，不相容性是相对于与所包含的抽象而言的。

只要我们满足于高度的抽象，就可以达到一种不难的理智的相容性。纯数学是依靠这种严格的抽象而获得成功的主要例证。其次，在十六世纪和十七世纪最后揭示出来的数学的重要性阐明了一种理论,即:有限的人类理解的进步主要依靠某些适当的抽象以及这种抽象中思维的发展。由于这种方法的发现,最近三千年间产生了作为现代文明的进步的科学。

6. 但是,这种发现是逐步获得的。这种方法甚至到现在还没 77
有被破解。学者们以极其轻率的态度来对待思维的专门化。人们几乎一致认为,专门化的增加使关于环境的视域的假定(这对开创阶段已足够了)成了单纯而自然的东西。人们也不可能清楚地了解任何专题的扩大会使全部意义发生彻底的变化。科学的对象扩大了,它对宇宙的关联性就会缩小。因为它预先假定了一种更为严格限制了的环境。

环境的定义正好就是特殊的抽象所省略的东西。这种定义是一种无关联性。其所以无关联,是因为它要求有对事物的无限性的理解。因此它是不可能的。我们所能够做的充其量是提出一种抽象,预先假定它是相关的,并在这个假定的范围内前进。

有限的科学的清晰性和其外的黑暗的宇宙之间这种绝然分裂本身就是一种撇开了具体事实的抽象。例如,我们可以探讨我们预先作的假定。就专门的自然科学来说,我们假定几何学。然而是哪一种几何学呢?存在着许多种几何学。事实上,可供选择的几何学的数目是无定限的。我们要选择哪一种呢?

我们全都知道,这是最近三十年来使自然科学感到厌倦或者
受到鼓舞的论题。许多科学家最后都在得出我们大家都可以接受 78
的结论。但是,这当中也发生了一种怀疑。我们怎么知道只有一种几何学适合于自然界的复杂的事件呢?也许三维几何适合于一类显相,十五维几何为另一类显相所需要。

我们的比较明显的感性知觉，特别是视觉，看来显然要求三维。另一方面，虽然声音很广，但按其音量的度（比如说在十三度和十五度之间）而言，仍是非常不清楚的。范围的任何变化，无论是最大的变化或最小的变化，都会使我们所能观察到的那些被发现的事件的特征发生惊人的变化。

我们已经提出了非常特殊的感性观察类型，于是我们就墨守一套相应的特殊结果。如果我们加上适当的限制，那的确够了。但是，由于我们的科学扩大，对于自然界的其他方面的关系的范围，就变得愈益重要了。

除非我们能够领会我们的知识与包含了十五维空间关系的事
79 件的本质联系，我们的知识也许要被曲解。独断地把自然界的三位一体看作是它的唯一重要的维的方面，在过去是有用的，现在则变得危险了，到将来也许会成为知识发展的不可克服的障碍。

地球或太阳所在的星云也可能逐渐产生一种在其空间关系上的一般特征的变化。在遥远的未来，如果人类还存在，他们将回顾产生了更高尚、更高大的存在的古怪的、萎缩了的三维宇宙。

现在，这些想法既没有证明，也没有推翻。但是它们具有一种神话的价值。它们的确表现了用连贯的语言表达人类经验的某些方面会怎样阻碍理解的上进。从系统化的知识之树上摘下的苹果太多了，会使进步衰退。

上进感和渗透感对于保持兴趣至关重要。上进有两种类型。一种是运用既定模式上的上进。这种模式的作用是使日益增加的各种各样的细节协调起来。

但是，既定模式的类型限制了对细节的选择。这样，宇宙中的

无限性就会被当作不相关的东西而忽视过去。从黎明时的清新气
氛中开始的上进，沉落成了协调的雕虫小技的枯燥积累。思想和 80
艺术史说明了这种理论。我们不能规定进步的模式。

诚然，这种上进部分是将细节集合成为既定的模式。这是愚蠢已极的有独断论倾向的人平平稳稳的上进。然而历史揭示了进步的另一种类型，那就是将新模式引入概念经验中。按照这种模式，迄今没有区分或者作为没有因果联系的东西而忽视了的细节就上升为协调的经验。这是关于伟大的未知世界（beyond）的一种新见解。

7. 由此可见，理解的推进方式有两种。一种是把细节集合于既定模式之内，一种是发现强调新细节的新模式。在联系模式上，人类理智被独断论弄得停步不前了。宗教思想、美学思想、对社会结构的见解、对观察的科学分析，同样被这种致命的毒害弄得不成样子了。

当欧洲思想的辉煌基础开始建立的时候，这种独断论就已侵入了欧洲思想中，伊壁鸠鲁、柏拉图、亚里士多德都同样相信他们的经验中、他们理解这些经验的精确的形式中的各种不同因素的确定性，这是从他们理解这些因素的那种精密形态而说的。他们
没有意识到抽象的危险。后来，康德在他的《纯粹理性批判》中对 81
于我们为什么应当如此确定的原因作出了一种巧妙解释。对于这种确定性，天才的意见是一致的。

从这些伟大人物都抱着这样的信念这种意义来说，他们的理论没有一种比上两个世纪的更为广泛的知识存在的时间更长。这是历史的悲剧。从柏拉图所设想的那种意义上说，数学是不对的，

从伊壁鸠鲁所深信的那种意义上说，感性材料并不是清晰的、明白的、第一性的。

思想史是充满活力的发现和无声无息的封闭的悲剧性的混合物。渗透感失落于完满的知识的确定性中。这种独断论是知识上的反基督教。

在事物的全部具体联系中，联系起来的事物的特征成为将它们结合起来的那种联系性的特征的组成部分。

友谊的每一个例证都显示了两个朋友的特殊性格。另外两个人与这种完全确定的友谊是不一致的。又如，图画上的颜色形成了一幅构图，它部分是几何学的构图。如果我们仅仅考虑抽象的几何关系，那红点可以用蓝点代替。按照这种几何学的抽象，红色
82 和蓝色与其他色点同样一致。但是，如果我们更为具体地考察这幅图，那这样做也许会破坏一幅杰作。红色对这幅图的具体作用同蓝色所产生的作用是不一致的。

因此，随着我们向具体的理解渗透，不相容性就起支配作用了。这就是说，除了一个实有以外，一切实有都与这个实有将引起的特殊作用不一致。随着我们返回抽象，许多实有会各自另外产生同样的抽象效用。因此，相容性是随着从具体到抽象的增加而增加的。

这样，不相容性概念就有了一种模糊不明之处，绝然的差别是由实有之间的不同引起的。如果斑点是深红色，那它不可能同时是浅蓝色。这两个概念之不相容是由于红和蓝是两种绝然不同的颜色。在美的享受上也有不同。蓝色也许是作为一幅杰作的图中的一个因素，从而在同样的几何位置上以红代替会破坏整个审美

价值。另一方面，如果人们感兴趣的是几何关系，那红和蓝都同样可以标出这个范围。

我们现在应当知道，不相容性有两种类型。它们可以分别称之为逻辑类型和美学类型。逻辑类型以不同事物之间的区分为基础，而不同事物被看作是构图中的不可兼得因素。这两件不同事 83
物中哪一件在这个复合实有的模式中起一种既定作用，这一点对于构图的整体不可能是无足轻重的。因素中的区分会产生不同的构图，而因素的增加也会破坏基本假定。

我们绝不可能按一幅构图对环境的一切可能性的全部效用来理解这幅构图。我们所意识到的仅仅是一种抽象。由于这种抽象，因素的变化或增加可能无足轻重。不同事物的等值或相容之上总是悬着一种不可避免的后果。一旦我们增加自明性，抽象就会减少，我们的理解就会渗透到具体事实。因此，知识的增加迟早要证明包含在区别中的对抗。

8. 这一讲提出的关于理解的理论适用于逻辑以外。审美经验是自我证明的享受的另一种方式。这个结论的历史同欧洲思想一样悠久。数学的比例理论的运用与音乐和建筑学的关系在毕达哥拉斯学派和柏拉图学派中激起了人们的兴趣。同样，在数学家 84
中广泛流传的关于某些证明较另一些证明好的感受也会激起哲学家的注意。

我觉得，美学和逻辑学之间的类比是一个尚未充分展开的哲学论题。

首先，它们都涉及对一个结构的享受，而后者得自结构的诸因素的相互联系。存在着一个整体，它是由许多细节的相互作用产生的。重要性是从对于一与多的相互作用的生动掌握中产生的。如果这两个相对的方面有一个方面退到了背后，那无论是逻辑经验还是审美经验就都会变得琐碎浅薄。

逻辑和美学的不同在于它们所包含的抽象的程度不同。逻辑注重的是高度的抽象，而美学则根据有限的理解的必要条件的允许而与具体的东西保持接触。因此，逻辑和美学是有限的精神部分地渗透到无限者中这个难题的两极。

这些论题中无论哪一部分都可以从两种观点来考察。在此存在对逻辑复合体的发现，也有在发现这种复合体时对这种复合体的享受。还存在美学作品的结构以及在构成这一作品时对这一作
85 品的享受。创造和享受之间的这种区别切忌过分强调。但是这种区别却又是存在的。本讲末尾所论及的是享受，而不是创造。

逻辑理解的特有态度是从细节开始而及于所达到的结构。逻辑的享受是由多而一。多的特征被理解为允许有这种结构统一。

逻辑运用符号，但又仅仅是作为符号。例如，行间的空白、栏外的宽度、幅页的大小（八开本、四开本或十二开本）上的差别还没有涉及符号论。

逻辑的理解是对于允许有这种抽象的统一的抽象的细节的享受。随着享受的发展，就会发现结构的统一。我们面对着宇宙的一种可能性，也就是说，抽象按其本性如何把这种方法隐于具体的东西之内。逻辑从一些原始观念出发，并把它们结合在一起。

美的享受的迁移方向相反。我们为建筑物的美，画的动人、为文学的优美协调而倾服。整体先于细节。

86 我们现在来谈区别。在片刻之间，细节使我们不得不把它们

当作是作用的整体原因。在美学中，存在一种显示出其结构部分的整体。

在欧洲思想史上，由于强调细节的和谐，美学讨论几乎被破坏了。对希腊艺术的享受总是纠缠于寻求细节，它们显示出没有强制的和谐的某种严格的独立性。

任何一种艺术形式的最伟大的范本都达到了一种不可思议的平衡。整体展现出它的结构部分，每一部分都有自己的提高了的价值。部分构成整体，整体在这部分之外，但并不损害它们。不过值得指出，对于细节的初步研究（如果保留了的话）比在完善的作品中所表现出来的那些最后的细节，更使人感兴趣。即使是最伟大的艺术作品也不是完美无缺。

由于审美经验有更大的具体性，因此它的论题比逻辑经验要广。的确，如果美学论题得到了充分的探讨，那是否还有什么东西需要讨论就是可疑的了。然而这种怀疑是没有道理的。因为好的经验的本质在于渗透到未知的、未经验过的东西之中去。 87

逻辑和美学都关注封闭的事实。我们的生活则是在关于发现的经验中度过的。一当我们失去了这种发现感，我们就会失去心灵所是的那种活动方式。我们就会沉落到仅仅与过去的平均值相符合。完全的符合意味着生命的丧失。剩下的是荒芜的无机界的存在。

在现在结束的三讲中，我们已试图将哲学思想的一些最基本的观念收集起来，系统化的工作做得很少。在这三个标题名义下，引入了各种各样的概念。

最后得出的结论是：离开细节，离开体系，哲学观是思维和生活的真实基础。我们所注意的那些经验以及我们推到不必注意的背后的那些观念支配着我们的希望、我们的恐惧、我们对行为的控制。只要我们思想,我们就活着。这就是为什么哲学观念的收集超出了专家的研究范围。它铸造了我们的文明的类型。

第 二 篇

活 动

第四讲　视域 89

人们有理由相信，人类天才在纪元开始前后十二个世纪达到了顶点。在这个时期内，审美经验、宗教、人类社会关系、政治智慧、数学演绎以及观察科学的主要概念都已提了出来并加以讨论。文明的这些方面的每一方面当然都有悠久的历史，一直可以追溯到动物期。但是，在这个时期内，人类获得了丰富多彩的成就。它们与人类生活理想的关联也有意识地加以研究了。在这一时期的早期阶段，产生了荷马的诗和各式各样的孔夫子式的思维方式。在这一时期的后期阶段，产生了维吉尔[①]、约翰福音以及罗马帝国的政治制度。

生活上的各种技巧大量涌现。其中每一种的创始期都比这个 90
时期早。例如，书写的技巧是在许多年之内逐渐发展起来的。但是，书写之便于用来作为保持个人内心思想的媒介则是这个时期的事。在这个时期以前，它记录帝王的谕诏和征服者的狂言。关于金属、车马、道路和航海的发展也可以这样说。这些都意味着文明处于襁褓中。在这个时期内我们获得了成就。往后知识和技术当然都有进步，但是这种进步是沿着这个黄金时代的活动所开辟的道路走的。过去十八个世纪的欧洲史是它的继续。

---

① Virgil（公元前 70—19），古罗马诗人。——译者

这种从辉煌的过去导源引起的一个不幸的结果是：较早期的一些有缺点的见识在语言和文学中生了根。此外，语言还支配着我们无意识地预先作出的关于思维的假定。

例如，各个在辞典内各具有意义的单词以及各个为句点所限定的单句，都暗示了一切撇开环境的完全抽象是可能的。这样，就使人们易于认为可以把哲学问题看作是对于事物的相互联系的理解，而每一种事物离开与任何其他事物的关系仍是可以理解的。

91 2. 这个预先作出的假定是错误的。我们将其撇开，并认定每一个实有，不管属于何种类型，在本质上都包含了它自身与宇宙的其他事物的联系。我们可以把这种联系看作是从这个实有看的宇宙，不管它是处于完成中还是处于潜在中。我们可以把这种联系称为这个实有的宇宙的视域。例如，对于三这个数字、蓝这种颜色以及任何一个实现了的事实的某种确定的情境的宇宙，就都存在相应视域。

任何一种质的抽象（例如一个数字、一种颜色）的每一种视域都包含了数量无定的不同的潜在事物。另一方面，事实性情境的视域都必然要消除包含在与这一现有情境中的事实的实现相关的其他事实，还要减少未来的其他事实，因为这种情境作为其当代世界的一个成分，是制约其自身以外的未来的因素之一。

我们关于一切类型的实有的现有抽象的意义这个问题，对于有学问的人来说，不只是一个形而上学的难题。它是一个关于我们对事件的日常判断中的实际良知（good sense）问题。我们的危
92 险在于接受对一组事件所涉及的宇宙的视域有效的概念，然后不加批判地将其应用于其他事件，而后者包含了具有某种差异的视

域。由于存在这种差异，就需要作出校正。在第二篇的三讲中，我将讨论涉及每一实有的这种关于视域的理论的各种不同应用。另外，还需要涉及因忽视它而引起的一些误解。

这个关于宇宙的视域概念，在我的《科学与近代世界》一书中曾以“关系本质”为标题讨论过。不过在那里只研究了质的实有的视域。此处这个概念已扩大了。

3. 最简单的关于存在类型的理论是认为某种极端类型不以其他事物为转移而独立存在。例如，希腊哲学家，特别是柏拉图，在对于诸如数、几何关系、道德品格等质的抽象，以及较高级的感性知觉的质的展现上，似乎赞成这种理论。这就是说，按照这种传统，既然我们从我们的经验中抽出了此地、此时、此种环境中的事件的非理智的特殊性，那剩下来的就是一种有自我同一性、区别性和本质的相互联系的残余物，它与事件的推移没有本质的联系。
按照这种理论，作为这种舍弃转化因素的结果，我们就会把注意力 93
集中于关于形式的永恒领域。在这个想像的领域中，没有推移，没有丧失，没有获得。它本身是完成的，它是自身支持的。因此它是“完全实在的东西”的领域。

这是哲学中常有的一种想法。它绝没有离开希腊思想多远。后来，它把希伯来因素转化到基督教神学之中。

我们必须承认，在某种意义上，我们必须假定这个撇开了推移、丧失、获得的关于形式的领域。例如，直到十二乘十二为止的九九表是这个领域中一个微不足道的部分。在我们关于已经发生和可能发生的东西的一切思想中，我们都假定九九表是从本质上对历史过程作质的规定的东西，而不管这个过程的时间所指。它总是在近处，不会离开。只要我们的见解是清晰的，就有这种确定的知识的因素。但是，我们的见解怎样才能清晰呢？

这个关于超时间的形式领域的概念引起了一些修辞学上的、窃取前提的语汇，如“自身支持的”、“完全实在的”、“完满”、“确定性”。

94 让我们按相反的顺序来研究这些语汇。我们会在算术上犯错误。我们可能误解数以及数的相互联系的真实意义。十七世纪和十八世纪的伟大数学家们误解了他们所研究的对象。例如，在关于无穷小的概念、运用无穷级数时必要的谨慎概念以及关于复数的理论上，他们的发现就充满了错误。

关于有纯粹真理特点的人类知识领域的概念是独断论者的得意的幻想，不管他们是神学家还是科学家或人文主义者。

其次，“完满”是人的想像经常有的一个概念，不可将其忽略。但是天真地将其归属于形式领域是完全没有道理的。泥土的形式、罪恶的形式以及其他不完满的东西的形式是什么呢？可以充当形式的住宅的有许多公寓。

最后，我们把“自身支持”和“完全实在”这两个概念放在一起加以考察。每一种形式按其真实本性说，都关系到某种实现。像“五”和“六”这样的数概念关系到将它们加以例解的事物的概念。把到六为止的数的概念看作是存在于真空中，那是愚蠢已极。在某种意义上，泥泞关系到泥土，罪恶的形式需要罪恶的事物。

95 因此，形式实际上关系到它们自身以外的东西。把任何没有本身以外的含义的“绝对实在”加于它们之上纯粹是幻想。形式的领域是潜在性的领域，而“潜在性”这个概念本身就具有一种外部意义。它关系到生命和运动，关系到包含和排斥。它关系到希望、恐惧和意向。把这种说法说得更一般一些，它关系到欲望。它关系到将形式加以实现并且超越形式的现实性的发展。它关系到过去、现在和未来。

其次，任何事物都是某种以其本身的方式作为实在的东西的事物。当人们把某种事物归属于非实在的东西时，他们不过是在设想一种有“某种事物”没有归属在内的实在类型。但是，作为实在的东西并不就是作为自身支持的东西。此外，实在的方式是相辅相成的。哲学的任务就是说明各种不同的存在类型彼此之间的关联。我们不能穷尽这些类型，因为它们为数无限。但是我们能够从在我们看来是作为两极的两种类型开始，然后我们可以看出这些类型为了表达它们彼此的相互关联而需要其他类型。

我并不肯定这两种类型从根本上说比其他派生的类型更为终 96
极或更为简单。但是，我的确认为，对于人类的经验来说，它们是理解其他存在类型的自然出发点。

这里所谈的两种类型可以分别称之为**现实性类型**和纯粹**潜在性类型**。

这两种类型相辅相成，就是说，**现实性**是**潜在性**的例证，而**潜在性**是用事实或用概念对**现实性**的特征描绘。

这两种极端类型的相互联系也要引入一些其他类型，即类型之上的类型。每一种类型表达一种结构方式。我认为，在对待结构方式上，语言表达的传统是异常幼稚的。某些受到赞许的词，如“结构”这个词本身，掩盖了反省所揭示出来的那种混乱。

在这一点上，我们最好还是反躬自问。在哲学思想的发展中，我们所求助的是什么呢？证据何在呢？

回答显然是文明的相互沟通所共享的人类经验。既然这种证据的表达是共享的，因此在法律中、在道德和社会习惯中、在对满足人类的要求有帮助的文学和艺术中、在对社会制度的兴衰所下
97 的判断以及在科学中，都可以找到它。它还遍及于词和各种语言表达的意义中。

哲学是一种第二位的活动。它对这种不同的表达进行思考。它寻求事物的类型（每一种类型表示一种存在方式）及其自身特有的实在。它的一切信息的源泉也表达了错综复杂的事物的不同方面。因此哲学的任务就是理解存在方式的错综复杂的情况。

最后还有一点要考虑到，即哲学的源泉以人类经验中所揭示的世界为限。

4. 插了这段追忆我们的证明的话以后，我们现在回到上面所讨论的问题上来。即：被看作是与**潜在性**完全相反的**现实性**的意义是什么。我们回头来讲如下的命题：现实性和潜在性在例证和特征的相互作用中相辅相成。因此为了理解现实性，我们必须问，什么是特征、什么是有特征的东西？

对于这个问题的后一半，人们已经作出了许多回答。每一种回答都与人类经验的某一重要方面相关。可以用三个标题来对它们加以分类，即：**实体**、**事件**、**绝对**。但是，这三个标题涉及在文明
98 的许多世纪内知识界所进行的讨论。它们是重要的、尽管远非素朴的经验。

我们的更为直接的经验本身分为两大类。每一类都可以作进一步的分析。一类由质的经验的感觉构成，这类经验是从在此以前

的事实中引申出来的，它在现在的事实的人格统一中被享有，并制约着未来的事实。在这类经验中，有从外部获得的感觉，有内部直接享有的感觉，有向外转移的感觉。这种复杂的享有的感觉包含了过去、现在和未来。它同时是复杂的、模糊的和强制性的（imperative）。它是我们与外部世界的本质联系的实现，也是我们现在个人自己的个体存在的实现。它蕴含着它把我们的直接经验当作历史上的一个事实，当作是引申出来的、现实存在的和产生结果的东西。它也蕴含着它把直接经验的感觉当作具有自身性质的单个事实的本质。这种经验的主要特征是复杂性、模糊性和强烈性。从一个方面说，模糊性导致一种比较鲜明的分类，即把世界区分为动物身体的世界和其余自然界。前者是内在、强烈和相互表达的领域，后者
的感受的内在性和强烈性无法洞察。我的头脑、我的心脏、我的内 99
脏、我的肺是属于我的，它们具有一种相互调整的内在性。日出是一种从超出这种直接关系之外的世界得来的信息。身体的行为系统具有与个人经验中的质的转化发生直接关系的因素，在外部世界的感觉之流的关系中不存在这种直接性。由于这一原因，无论是从抽象科学的目的来说还是从医生的目的来说，心理学和生理学都难于彼此分开。人体和直接经验的行为系统是密切捆绑在一起的。

5. 第二类人类经验具有与作为身体的感受的第一类大不相同的特点。它缺乏亲密性、强烈性和模糊性。它由形式的区分所构成，而形式按照外部自然事实与身体的关系来表现这些事实。这一类人类经验可以称之为“感性知觉”。

既然感性知觉属于高等动物所有，所以我们将要按照我们对它的认识，就是说，按照人类经验中的感性知觉来研究它。这是一

种有掺杂内容的经验，是从更为原始的身体的经验、即上面首先考
100 察的那类经验中引申出来的。它超出了它的起源，改变了所有重点。它的基本特征是清晰、明白和无偏（indifference）。它在情感上的结果是第二位的派生的东西，是通过唤醒与它本身不同的反应而获得的。这就是休谟的理论。只有休谟才忽视了与身体亲密相关的原始经验，尽管他在描述我们对感性知觉的反应时利用了这些原始经验。

我们在感性知觉中分辨出了外部世界及其各不同部分，后者由关于质的形式描绘出特征，并通过表达分离和结合的形式而相互发生关系。这些质的形式是感性材料，如蓝色的色调、声音的音调。表达区别和联系的形式是空间和时间形式。通过仅仅关注感性知觉的这些形式来解释的世界，我称之为“**自然界**”。

这些质的和空间－时间的形式支配着这种经验。它们与情感无关，因为它们就是其本身那样，也就是作为事物的生动的实现，而这些事物能够抽出现实性载负的情感状态。自然界没有情感冲动。

感性知觉是肉体性经验中的抽象的成就。这些抽象是由于对选择性的关注的增加而产生的。它给了人类生活三件礼物，即：一
101 种对精确性的接近，一种对于各种外部活动性质上的区分的感觉，一种对本质联系的忽略。

高等动物的经验的这三种特征（近似的精确性、性质上的确定、本质的忽略）共同构成了意识的核心，在人类经验中就是这样。

亚里士多德逻辑就是建立在对抽象意识、即“撇开与外物的任何关联而对这种性质作出例证的那种实有”的这种原始解析的基础上。

科学实践也是建立在关于省略的同样特征的基础上。为了精确地进行观察，就要把注意力集中在这种观察上，撇开一切与经验的方式无关的意识。但是并不存在不相关性。这样整个科学就是建立在被忽视的关联方式的基础上的，后者仍然支配着接受这些科学的思维方式的社会集团。由于这一原因，体系化的知识的进步就有两个方面。一种进步是发现这种体系所承认的结构的错综复杂的情况；还有一种进步是发现体系的局限性，因为体系略而没有指出它对存在方式在环境上的协调的依赖，而这些存在方式与体系内的实有具有极为重要的关联。由于一切事物都是相联系的，任何忽视了某些事物的体系都必然受到这些局限性的损害。 102

对高级感性材料（如视觉和听觉）的注重损害了上两个世纪的哲学发展。我们所认识的是什么的问题被换成了我们能够认识什么的问题，后一个问题被武断地解决了，办法是假定一切知识都从这些感性知觉材料的空间一时间模式的意识出发。

6. 人类知识的研究应当从考察可以在人类经验的转化中识别出来的模糊的变异开始。它不可能把自己建立在简单的随意假定（如作为一切知识的来源的感性材料的空间一时间模式这个概念）的基础上。这些空间一时间模式以及算术模式有种种非常特殊的东西。从我自己的思想框架说，我反对这种注重九九表和正多面体的办法。换言之，反对这样一种意见：以数的关系为基础的拓扑学本身包含了一种理解事物本性的基本方法。我们肯定应当从更广大、更深透的原则出发。算术和拓扑学是专门学问。

分类的一般原则支配着我们称之为我们的生活的创造过程，这 103
些原则是什么呢？我们只能诉诸我们的直接洞察——诉诸笛卡尔

称之为我们的**直觉**(Inspectio)的东西。我们的**判断**,即笛卡尔也曾援引过的我们的**判断力**(Judicium),需要有一种直觉,以便提供作出决定的材料。因此,问题是关于这些支配经验的基本方式的问题。这些方式是分类方式,每一种分类包含着本质不同的差异。

我认为,由三对对立——**清晰**和**模糊**、**秩序**和**无秩序**、**善**和**恶**——所表达的三个分类原则,是对我们的经验的基本特征的描述。我们理解万物的努力应当从这些经验方式出发。

在**秩序**和**善**之间存在着一种自然而然的亲近关系。指责人们的"合乎秩序的行动"是反常的。单纯秩序的好处无疑有局限性。它可能过分。但是如果不是以某种秩序为基础,就不可能有任何好处。单纯的无秩序的结果是使成就不实在。本讲的一个目的就是考察**秩序**和**善**之间的这种亲近关系,并指出其局限性。

104 如果我们想到整个欧洲思想史上最著名的讲演所讲的是这个问题,那这是一个抱负过大的目的。它几乎讲了二千三百年了。这一讲的标题没有提到**秩序**。但是我们的确知道它的对象大部分与数学有关。为什么柏拉图坐下来写一篇关于**善**的讲话稿时自然而然地想到了数学,按照我们自己今天的观点来考察一下是有价值的。我们现在不涉及在那一篇讲话中所谈的精确的数学理论,甚至也不涉及数学与柏拉图所设想或误解的**形式**的精确关系。我们的题目是**秩序**与**善**的关系以及数学与**秩序**概念的关系。

乍一看来,关于九九表与基督的登山宝训的道德美之间有某种重要联系的想法是荒唐的。但是,考察一下人类清晰的经验从其混乱的动物性满足的基础上的发展,就会发觉数学理解是深入认识善的本性的首要例证。我们还必须记住,道德仅仅构成善的一个方面,一个往往强调过分的方面。

动物享有结构,它们能够建巢筑堤,它们能够穿过森林来追踪
目标。混乱和相互交杂的具体实现了的事实支配着动物界。人能 105
够理解结构,他从纷繁的细节中抽出其支配原则,他能够想像各种可供选择的例证,他设想遥远的对象,他可以将各种不同的结果进行比较,他可以将最好的东西作为目的。但是人对目的的这种控制的本质以根据建构的不同的运用而对结构所作的理解为转移。

作为人,需要研究结构;作为动物,仅仅需要享有结构。动物享有社会关系,而人类能够知道卷入这些社会关系中的个人的确切数目,还能够想像享有的数的确切关联。换言之,从我们的较低级的动物经验到我们的较高级的人类经验的推移中,我们获得了选择的重点,通过它,有限的经验情境获得了明确的定义。

人的眼光的这种清晰性既加强了每一单个情境的独特性,同时也揭示了它对与它本身不同的情境的本质关系。它既强调了有限的个体,又强调了与其他个体的关系。

其次,它揭示了对直接实现的对象的某种分析。还有,由于这 106
种揭示,它突出了过去、现在和未来可供选择的实现的潜在之物。它指出了可能存在和可能已经存在的东西。它提示了显露无饰的歧异和相似。人类能够看到事实之内的形式的功能,以及从这种相互作用中产生的价值。在人类历史上,当对杂多的模糊的认识转换成了对数的精确观察时,人类在认识较高级的生命所必要的那种形式的交织、即发现善上就迈进了一大步。

我想起了一个附带的证明,即至少松鼠没有越过这条文明的界限。当时我们住在一个令人陶醉的营地里,该营地位于佛蒙特

湖畔的森林中。有一只母松鼠在我们的营房里筑了巢，将其安放在火炉旁的砖洞里。它进进出出地抚育自己产下的小松鼠，好像营房里没有人住一样。有一天，它发觉它的家已发展到超出了抚育阶段。于是它把小松鼠一只一只地带到森林的边缘。事隔多年了，我想起当时已有三只小松鼠。但是，当母松鼠将它们放到石头外面时，它觉得它的家与聚集在巢中的家大不相同。它有些惊恐不安，跑进跑出了两三趟，以便完全肯定有没有小松鼠留在后面
107 了。它不会计数，也不会给它们起一个名字来识别。它所知道的一切就是石头上的模糊的数目似乎与巢中的数目大不相同，它对家的经验缺乏由数所加的明确界限的知觉。结果它隐约地感到有些惊恐不安。如果这只母松鼠能够计数，那它就会为很好地养育了这三个孩子而感到一定满足，或者，要是不是这样，它就会为它的某一个孩子不在而感到强烈的痛苦。然而，它对于任何精确的限制形式都没有适当的经验。

因此，**善**和**恶**的生动的经验的产生以对精确的限制形式的直觉为转移。在这些形式中，**数**居于首位。

7. 在讨论我们的更深刻的经验，即宗教和神秘经验时，对单纯无限性的感觉作了不平衡的强调。为这种感觉所支配的任何存在物都位于松鼠之下，一切实现的形式都表达了有限性的某一方面。这样一种形式表达了它的本性是**这个**，而不是**那个**。换言之，它表达了排除，而排除意味着有限性。

108 世界的全部庄严是从有限的东西的积极成就的感觉中产生的，它与超出每一有限事实以外的无限性方式的感觉结合在一起。这个无限性是每一事实为了表达超出它本身的限制的必然关联所

需要的。它表达了宇宙的一个视域。

重要性是从有限和无限的这种融合中产生的。“让我们大吃大喝吧！因为我们明天就要死亡”，这种呼声表达了单纯的有限的东西的平凡。神秘的、没有效果的麻木状态表现了单纯的无限的东西的空虚。那些强调无限性而牺牲历史中的有限的东西的转化的神学家使宗教起了坏作用。我们想起上面的讨论，回头来研究三对对立：**清晰**和**模糊**、**秩序**和**无秩序**、**善**和**恶**。将**清晰**和**秩序**同达到**善**联系起来是很自然的。将**模糊**和**无秩序**同**恶**联系起来也是很自然的。例如，在书写一份证书时，“她的思想清晰而有条不紊”这话被认为是褒奖；而“她的思想模糊而紊乱”这话会被看作是责难。作出这种判断的理由是：清晰而有条不紊使具有这种特点的人善于处理预见的状况。它们是维持现存社会状况的必要的基 109
础，但是它们还并不充分。对于处理不测事件、对于进步、对于刺激来说，有必要超出单纯的清晰和秩序。生命如果受到单纯的适应的束缚，它就会蜕化。对于促进新事物来说，将经验中的模糊的和无秩序的因素结合起来的力量是特别重要的。

对于宇宙的理解以这种促进的内涵为根基。离开了它万物就没有意义，就会失去变化。时间因此不适用于事物的静止的本性。存在是无意义的。宇宙就会归结为静止的废物，因为它缺乏生命和运动。

在欧洲哲学思想史上，在伟大的思想家史上，可以看出在这个问题上有一种令人奇怪的动摇。对于生命和运动的要求与对于预先作出的没有运动的最高实在的假定交织在一起。不变的秩序被看作是最后的完满。结果，历史的宇宙沦落到了局部的实在的地

位，使人感到只是单纯的现象。这样一来，我们的经验的最明显的特征就降为形而上学体系中起从属作用的东西。我们生活在一个
110 混乱的世界中。哲学和受正统哲学思想影响的宗教撇开这种混乱，这种撇开是委靡不振的结果。我们应当对那些表现社会缓步衰落时期主要情绪的哲学加以戒备。我们的哲学思想遗产受到了罗马帝国的衰落和东方文明的退化的不良影响。它表现了头三千年来向前进步的文明走到了尽头。现在需要有更好的平衡。因为文明是又兴又衰的。我们需要哲学去解释各种秩序的产生，解释从一种秩序到另一种秩序的转化，解释表现在我们的经验中为自明的东西的宇宙中善恶的混杂。这样一个宇宙就是重要性的所在。凝固的、无运动的宇宙顶多只能加上“是这样”这个空洞的评语而作为纯知识的对象。

仅仅强调清楚地经验到了的事物的特殊方面这种做法推进了科学，但阻碍了哲学。以约公元前四世纪数学的产生对欧洲思想的影响为例来说吧！数学所研究的是一些在当时既没有引出转化意义、又没有引出创造意义的概念。数和几何图形构成了希腊数学的唯一内容。

111 没有必要来详述关于这些特殊的数学形式的科学的重要性。它改变了文明，但是它对希腊思想的影响是极其多种多样的。当希腊人理解这种科学时，转化概念还隐于后面。每一个数、每一个比例、每一个几何图形都表现了一种静止的成就。数字“十二”（按照他们对它的概念）与创造无关，“六比二”、圆的几何图形也与创造无关。在他们看来，这些理想的形式是不运动的，不受影响的，独立自在的。每一个形式都代表了一个它本身所特有的完满。这

些就是希腊思想对于数学的基本概念的反应。人心为这种永恒性的闪光所眩惑了。这种发现的结果是：希腊哲学(至少是希腊哲学的最有影响的学派)在超时间的相互关系的静止存在的形态下来想像终极实在。完满与转化无关。宇宙万物及其变化的世界是一个静止的**绝对**低级的副产品。

8. 希腊的黄金时代的这种冲动对于以后欧洲思想的影响有三个方面。第一，作为一个预先作出的基本假定，静止的**绝对**传给了哲学化了的神学。

第二，结构的抽象，如数学概念以及一切包含了结构方式的概 112
念，都具有了一种显著的实在性，而离开了它们在其中产生的个别结构。

第三，这些结构抽象被认为是按其本性说与宇宙万物无关的东西。过程已经丧失。

最后的结果是哲学和神学都有责任来研究从不变的终极实在的世界中引申出变化的历史世界的问题。我们关于知识的整个概念都受到了破坏。最高的智慧被描述为对不变的实在作不变的沉思。撇开行动的知识受到了赞扬。因此，行动被看作是与阴影世界相关的东西。柏拉图关于善的演讲及其对他所理解的数学的强调，是哲学中常有的这种态度的标志。

在那个时代，数学是关于静止的宇宙的科学。任何转化都被看作是静止的形式的转化。今天，我们设想转化的形式。近代关于无穷级数的概念是一个转化形式概念，就是说，作为一个整体的级数的特征正是这样一种形式。一个级数的和的概念就是为这种转化形式所表明的最后结果的概念。

113 这种关注静止形式的被扭曲的态度是哲学中所常有的，但并不单是它在支配哲学。哲学传统中的杰出人物并没有专靠他们作为自己所特有的体系的拥护者而获得重要地位。体系化的思想使见识清晰，也使人去注意那些表示特殊体系的经验方面。但是宇宙的范围越出我们有限的理解能力之外。那些使我们得到鼓舞的伟大思想家享有超出他们自己的体系之外的见识。他们所提出的命题很难与我们加于他们的名字之上的那些不精巧的思想方法调和。例如，同一个思想家，他既强调指出不变的数学实有是最高实在所特有的成分，在另外的地方又宣称“生命和运动”属于实在的本质特征。于是，他要求把“事物怎样发生作用？”作为理解这些事物怎样存在的方式。又如另一个哲学家既把经验材料之间的联系归结为感性材料的单纯连续，又求助于“展望”（expectation）的事实。这种从连续中派生出展望的做法对休谟来说是一个可理解的
114 事实，尽管他自己的体系对这一点没有作出说明。我们不是经验单纯的连续。我们分辨出连续的形式，而对这些形式的假定则是哲学思想中所常有的，并支配着我们的日常经验。

柏拉图和休谟指出体系对理性思维极其重要。但是他们对封闭的体系就是活的理解的死亡也作了阐释。当他们作出解释时他们游离于一切体系之外。于是他们按照自己的规则阐明了我们的基本见识是清晰和模糊的混杂。有限的清晰的关键之点在模糊的环境中黯然失色。这种环境伸延于作为纯粹外在的东西的黑暗之中。这种部分地被理解的关于连续的形式模糊地揭示了经验之内的这种环境。

9. 我们需要理解不变的形式的单纯存在怎样需要它本身投

入变化的历史世界的创造之中。存在着一种创造的形式。我们需要理解宇宙的统一性怎样需要宇宙的杂多性。我们需要理解无限性怎样需要有限的东西。

我们需要理解每一直接当下的存在怎样需要它的过去的存在、先于它本身的存在，也要求作为它本身之中的一个极其重要的因素的未来。这样在直接存在内部有三个因素，即：过去、现在、未来。按照这种方式，就不允许从有限存在的直接性中取去作为它的视域的外延的无限性。

其次，我们需要理解为何不允许从单纯实事中撇开其与处于 115
其自身实现的现实性之外的潜在之物的关联。具体的实现（就是说，关于历史事实）的真实性质本身充满着为它以不同的关联类型加以排除的种种潜在之物。在现在的事实中，存在着一部分再现、一部分排除的关于过去的种种特征，存在着一部分分有、一部分排除的关于现在的并存事实的特征，存在着一部分准备、一部分排除的关于未来的可能性。在讨论现在的事实时，如果撇开与过去、并存的现在以及未来的关系，离开与创造形式的保持和毁坏的关系，那就是从宇宙中去除极其重要的东西。如果没有视域，那一切都会变得琐碎。

例如，在某个音乐厅里，有仿佛是当场演出的直接音响。有支配着随后各个经验时刻的交响乐。有使得这种交响乐得以演出的创造天才的感觉。还有创造天才众多（管弦乐队的艺术家、指挥、作曲家）的感觉。有直接实现了的静止的形式多种多样的感觉：乐
器的形式、管弦乐队的空间分布，每一瞬间的声音的数学分析、乐 116
谱。最后，我们还有四种说明经验的特征的方式。首先，审美经验

内部有三个主要方面：天才的感觉、发现的感觉和破坏的感觉。我们还剩下事实的三个方面：即关于统一性、杂多性和转化的经验。

我们分辨出了分类的三个基本根据，即**清晰与模糊**、**秩序与无秩序**、**善与恶**。

最后，蕴含于创造过程的存在的终极类型有两种。一种是永恒的形式及其在潜在的欲望和实现的事实中的双重存在，一种是实现了的事实及其作为不久以前的过去和直接当下的双重存在方式。在直接当下中也隐藏着一种趋向未实现的未来的欲望。思想家怎样对待这四种存在方式，这一点决定了哲学的类型，也决定了思维对于生活实践的影响。

第五讲　过程的形式 117

这一讲和下一讲讨论的问题的起由是对统一体的各种不同方式所作的考虑。这些统一体由历史世界中的各种结构物表现出来。例如，脉搏、分子、岩石以及植物的生命、动物的生命、人的生命，就是这样一些组织。然后，讨论转到比较笼统的统一体形式上，如最广义的社会学、自然规律、时空联系。

这种论证转到考察统一体的一种最后方式，正是由于这种方式，在多种多样的潜在的东西的形式之中就存在着稳定的目的；也正是由于这种方式，在有限的现实事物的有限的重要性之外还有重要性。换言之，有限的东西的重要性何以需要无限的东西的重要性？

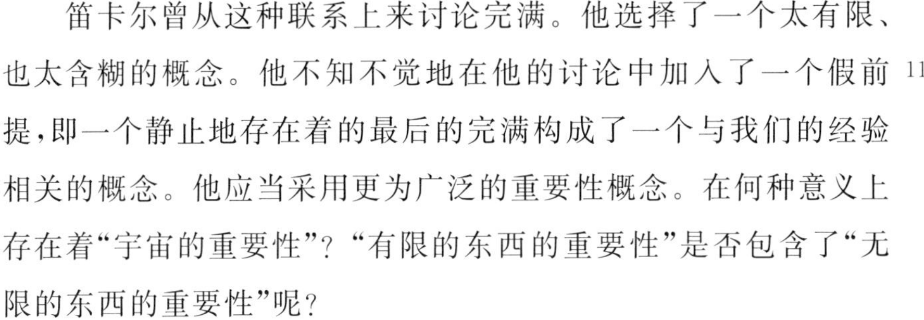

笛卡尔曾从这种联系上来讨论完满。他选择了一个太有限、
也太含糊的概念。他不知不觉地在他的讨论中加入了一个假前 118
提，即一个静止地存在着的最后的完满构成了一个与我们的经验相关的概念。他应当采用更为广泛的重要性概念。在何种意义上存在着“宇宙的重要性”？“有限的东西的重要性”是否包含了“无限的东西的重要性”呢？

2. 首先要指出的是随着我们由较小的结构单位到较大的结构单位所发生的由偶然性到必然性的转化。在一篇讲演的一个简单句子中存在着很大的偶然因素。当讲演人作一篇讲演时，整篇讲演在一定程度上必然反映着他的性格。讲演人的性格是由讲演人如何作讲演来体现的，而后者得自他的全部生活的社会条件。这些社会条件取决于历史时代，而这个历史时代是从地球上生命的进化中引申出来的。地球上的生命以在时空星系中观察到的秩序为转移，正像我们的经验所揭示的那样。这些秩序的特殊形式没有显露出任何最后的必然性。自然规律是我们所模糊地辨认出的、在活动的广大时代里不时流行的那些活动形式。这里产生了一个问题。存在着超时间的、范围广阔的秩序形式。它们按本性说没有必然性。
119 但是，经验的重要性需要秩序适当稳定这一点是必然的。彻底的混乱可以与彻底的破坏同等看待。历史的转化也表示了秩序形式的转化。一个时代让位给另外一个时代。如果我们一定要根据前一个时代的秩序形式来解释一个新的时代，那我们所看到的就是一团混乱。鲜明的界限也是不存在的。秩序形式总是有些居于统治地位，有些受到破坏。秩序都从来不是完全的，破坏也从来不是完全的。在占统治地位的秩序内部存在着转化，也存在着向新的居统治地位的秩序形式的转化。这种转化是对流行的统治状况的一种破坏。而这正是使生命振奋的那种显著的新事物的实现。

生命的本质要到既定秩序的破坏中去寻求。宇宙不受完全符合这种失去活力的影响，它通向新秩序，而后者是重要的经验的第一需要。我们必须解释达到秩序形式的目标、达到新秩序的目标，解释成功的标准和失败的标准。如果对历史过程的这些特征没有一定理解，哪怕是模糊的理解，我们就享受不到经验的合理性。

120 由于缄默地预先假定静止的时空以及物理的秩序形式的必然性，西方哲学的发展受到了阻碍。最近两百多年来科学知识的发展完全推翻了肯定这种必然性的任何理由。但是,这种预先假定甚至在科学家中也还有保留。对明白地否定了这种预先假定的人来说,这种假定是一种默会的假定。在当今的文坛中,我们发现了一些同样的作者。他们既拒绝违反自然秩序,也拒绝为这种拒绝提出任何理由,拒绝为从哲学上探讨他们自己采取拒绝态度的理由作任何辩护。

我们必须解释趋向秩序的潮流,而秩序是对经验的最基本的解析。我们还必须解释秩序的破坏以及任何特定的秩序形式都没有必然性。

3. 我们必须首先考察过程概念。领悟这个概念需要分析材料、形式、转化和结果的相互交织情况。过程有一种节奏,创造活动由此引起了自然搏动,每一搏动形成了历史事实的一个自然单位。通过这种方法我们就能够在相联系的宇宙的无限性中辨认出有限的事实单位。如果过程是现实事物的基本的东西,那每一个终极的个别事实都一定可以描述为过程。牛顿对物质的描述把物
质从时间中抽出来了。这种描述是在“瞬间”设想物质。笛卡尔的 121
描述也是这样。如果过程是基本的东西,那这种抽象就是错误的。

我们现在需要更详细地来考察一下说明每一事实单位的特征的材料、形式、转化和结果的这种相互交织的情况。但是我们在这样做时必须通过严格的抽象。每一充分实现了的事实在历史世界中以及在形式领域中,即在宇宙的视域中,都有无限多的关系。我们只能从对这些关系中选择极少数关系来对之加以思考。为了充分理解这些如此抽象过的关系,需要有我们从中抽象出这些关系的无限性。我们的经验的东西比我们能够分析的东西要多。因为

我们经验着宇宙，而我们在我们的意识中分析的只是从宇宙的细节中选出的一小部分。

现实事物的任何一次搏动的材料，都是由相对于这一搏动而存在的先前的宇宙的全部内容构成的。它们是从宇宙的细节的杂多性来思考的这个宇宙。这些杂多的东西是一些先行的搏动；在事物的本性中，还隐藏有各种不同的形式，它们或者是作为实现了的形式，或者是作为有待实现的潜在的形式。这样，材料就由现在已有的、过去可能有的和现在可能有的东西构成。在这些词汇中，动词“有”(to be)指的是某种与历史的现实事物相关的方式。

122 这些就是材料。从这些材料中产生了一种有转化形式的过程。这一过程单位是有待探讨的现实事物的“貌似真实的现在”。它是一种结构的过程、分级的过程和排除的过程。过程中的每一细节作为现实的东西都包含了它本身与其他细节相比时所处的等级。任何一个这样的因素的效力都包含对材料中的一些成分的排除，这些成分不能与作为过程的那一部分的那种细节一致。既然排除是一个实证事实，因此放弃了的材料的背景就为整个搏动添加了一种感受的格调。任何一个历史事实，不论是个人的还是社会的，在我们还没有认识到它避开了什么以及这种避开的狭隘性时，都没有被理解。人们如果不联系到西班牙人十九世纪对加利福尼亚的统治和十六世纪对英格兰的统治都遭到了失败，就不能完全理解欧洲人在北美的历史。

一切现实性都包含了从现实材料中导出的形式的实现。它既是各种质的结构，也是结构的一种形式。结构的形式表示出在材料中实现的这些形式如何进入到一个有限的结构过程中，由此获得了具有自己的例证和放弃物的新现实事物。这是一种过程形式,它涉及一种复杂的材料形式,并引起一种关于现实性的新的完成。但是,任何现实性都不是一个静止的事实。宇宙的历史特征是它的本质所在。完成的事实只有处于形成未来的那种活动材料中才能得到理解。 123

当我们把所考察的过程看作是一个完成了的过程时,我们就已经在分析一种其他创造物的活动的材料。宇宙不是一个用玻璃箱装着标本的博物馆。宇宙也不是一支训练有素、步伐整齐地行进的队伍。这样一些想法属于近代科学的虚构。如果对这种虚构有恰当的理解,那它还是有用的。科学所研究的是在一定观察方式内显得重要的大的平均作用。但是,由于我们的有关知识的微妙之处急剧增加,在人类思想史上没有一个科学结论未加改变而一直保留下来。

4. 为了考察转化形式的概念,我们将详细研究它的最简单的例证。让我们来考察算术,因为它与过程的一些特殊形式相关。我们在此将反对流行的关于重言式的概念。试考察将两个集合数融合为一个单一的集合数,每一集合数的特征都用三重性(triplicity)表示。"二乘三"这个概念的整个本质在于过程。"二乘三"表 124
现了它的过程的特殊形式。这种形式的特征有两个来源。一个来源是融合过程中两个集合数的任一集合数的三重性。这个三重性是根据支配着每一集合数和集合过程的某种个体性(individuation)原理得出的。作为这一原理的结果,每一集合数表示三性(three-ness)。这样就有了将两个集合数整合为一个集合数的过程。我们根据数来考察这一作为结果的集合数的特征。认为这种

融合过程必然产生六这个集合数，而同时仍遵守将个别事物同一起来这条原理，那是不正确的。

试以水滴为例来考察。每一水滴外层都有其表面张力。假定有两个集合，每一集合有三滴。融合过程也许是最后融合为一滴，或者将原来的水滴打散，得出一个五十滴的集合。通常以“二乘三”来假定的过程是一个相关的个体性原理保持未受破坏的过程。在这种情况下，二乘三是六。但是，“个体性原理”这话有一种模糊的解释。一个医生开一剂两汤匙的药。这剂药实际上放在一个汤匙里。因此，实际个体化为多少汤匙也许并不重要，也可能从未做到。

125　“二乘三是六”这个陈述所涉及的是一个未详释的关于维持特征的原理。这种特征在融合过程中被假定是不变的。“二乘三”这话所涉及的是维持这种个体性原理的融合过程的一种形式。更为概括地说，算术语汇所涉及的是过程的特殊形式。它们得出一个由某种确定的算术特征所说明的集合数。过程有其严格的形式，而在上面提到的条件下，它会得出一个有这种特征的复合的实有。

很抱歉，我用了这么冗长的篇幅来强调这种琐碎的问题。也许你们之中会有人认为我在反对一种流行的信念。有一种当今流行的理论认为“二乘三是六”这个短语是一种重言式。这就是说，“二乘三”所说的与六相同。因此在这句话中没有什么新东西。我认为这句话所考虑的是过程及其结果。当然，一个过程的结果是它本身以外的过程的一部分材料。但是，就对“二乘三是六”这个抽象而言，“二乘三”这话指的是一个变量的过程的形式，而“六”是一个复合事实的特征。

126　在我们对于语言和符号的解释上我们是幼稚的。我们忽视了意义的细微的区别。如果我们说“六不等于七”，我们就是否定“六”和“七”的同一性。在这话中，“相等”一词指的就是“同一性”。如果我们说“二乘三是六”，我们就是说一个过程的结果是一个有“六”作特征的实有。如果我们说“二乘三是二与四之和”，我们就是说两个不同的过程得出了具有同样数的特征的结构。在这些场合下，“相等”（或者说“是”）一词的意义是各不相同的。我们最后的观点是：数学所研究的是过程的一定形式，它们得出一些作为以后的过程的成分的形式。在上一讲中我曾指出，过程形式的概念会将其意义加于数学中所运用的无穷级数的概念上。

这种讨论是对柏拉图的一种过时的追忆。因为他的永恒的数学形式在本质上是与过程相关的。当他提到“生命和运动”的必然性的时候，这种理论正是他自己的理论。但是，他仅仅是时断时续地记住了这一点。他倾向于把过程同纯粹的外表同一起来，把绝对实在设想为没有转化的东西。按照这种方式，在他看来，数学属于无变化的永恒的东西。这样他就接受了“重言式”。

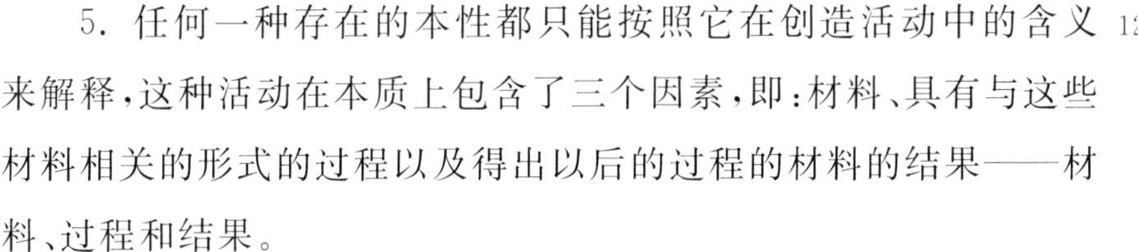

5. 任何一种存在的本性都只能按照它在创造活动中的含义 127
来解释，这种活动在本质上包含了三个因素，即：材料、具有与这些材料相关的形式的过程以及得出以后的过程的材料的结果——材料、过程和结果。

与此不同的是将宇宙归结为一种有生命和运动之梦的空洞的重言式的绝对。数学的发现如同其他一切发现一样既推进了人类理解，又引起了新的错误方式。它的错误就在于引出了关于缺乏“生命和运动”的形式的理论。

由于一些有才智的希腊人接触了埃及的思想，于是一些思想家就认为希腊哲学中的“最高存在”受到了那时数学发展的影响。他们误解了各种数学概念之间的关系。一切数学概念都是与混合的过程相关的。数的概念本身所关系到的就是从个别的单位到复合的集合的过程。最后的数不属于任何一个单位，它说明了达到集合的统一的方法的特点。因此，即使是“六等于六”这样的命题，也不要看作是一种单纯的重言式。也可能有这样的意思：支配一
128 个特殊的结合形式的六得出了一个作为以后的过程的材料的特征的六。不存在纯粹静止的数这样的实有。只存在从世界-过程中抽象出来设想的各种不同过程中作为它们的部分的数。

因此，关于世界-过程的概念应当看作是过程的总体概念。必须把最高存在的概念运用于结构过程的现实事物上，即运用于不以历史领域中任何特殊时代的材料为限的现实事物上。它的现实性借以建立的基础是它的无限的概念欲望，而它的过程的形式则是由将这种欲望与从世界-过程所得材料相融合而引申出来的。它在世界中的作用是支持达到生动的经验的目标。它是潜在之物的蓄积和对成就的协调。它的过程的形式与过程由以发端的材料相关。结果是统一化了的结构。后者把它的作用看作是未来的历史世界中有效的一种材料。

我们的经验材料有两种。它们可以分析为实现了的实事和作为潜在之物的实事。这些潜在之物进一步可以分析为与材料或结
129 果的实现无关的纯抽象的潜在之物和因与实现密切相关而被接受的潜在之物。因其密切相关而被接受的这些潜在之物是支配引起结果的结构形式的动因。这种对一个结构形式的支配包含了一种具有活力的规定性，材料之所以要保持和放弃即由它而来。

从材料存在着广泛的相互一致来说，结构的具有活力的形式就是使这种一致产生结果、并为未来保持这种一致性的形式。在此，我们在较小的变化中具有大规模地保持同一性的基础。行星、岩石和生物都证明了对同一性的范围广泛的保持。但是，它们同时也证明了这种保持的褊狭性。在已实现的实事中，没有任何东西与它以前的自我保持有完全的同一性。在已实现的事实的范围内，这种自我同一性仅仅是褊狭的。它适用于一定目的，它支配着几种过程。但是在其他过程中，区别是重要的。而自我同一性却是一种有趣的故事。从继承现实的遗产来说，一个三十多岁的成年人与从前那个出生不到十月的婴儿基本上是同一的。对于驾驶一艘游艇来说，成年人与儿童则有极大的区别。同一性由此退化为一种形而上学的无关联性。只要同一的东西能保持下来，自然

规律就自然存在。只要同一的东西消失了，这些规律必定要发生 130
变化。但是，发生变化本身也可能是合乎规律的，个别的东西中的变化也许会表现出一种变化的规律。例如，从婴儿到成年人的变化就是这样。不过，这些变化的规律本身仍然是易于变化的。例如，种族的兴衰、文明的起落、天体的逐渐形成及通过各个阶段。

在任何一个这样的例子中，只要有了变化，就可能有新的存在类型。它们服从以这种新的环境为转移的新的规律。换言之，材料、过程的形式以及产生新材料的结果，都以它们的时代以及这一时代中占统治地位的过程形式为转移。

没有任何比过程的形式的某种反常的动荡所引起的情感动荡更值得注意的东西了。缓慢的趋向已被承认。但是，对于人类经验来说，如果发生了急剧的变化，那人的本性就会陷入歇斯底里。

例如，狂风、暴雨、地震、社会习惯的革命、重病、烈火、战争都是激起特殊情绪反应的情境。对急剧的变化作出这种有力的反应有着非常充分的理由。我认为这既显示了我们对于合乎规律的秩序的
131 支配的反应，又显示了我们对这些秩序遭到破坏的反应。当根本性的变化发生时，有时如登九天，有时如入地狱。

6. 人们对于单纯的材料和单纯的结果注意得太多了。存在的本质基于从材料到结果的转化之中。这是自我规定的过程。我们一定不要用被动的形式来思考死材料。这种材料在这一过程之中留下自己的痕迹，同时支配着其形式。我们一定不要只关注结果。存在的直接性处于流变之中，生命的生动性寓于转化之中，它具有以获得结果为目标的形式。按其本质来说，现实事物的目标是自我形成。

我在这几讲中提出的一种主要理论是不能把存在（不管就它的何种意义来说）从“过程”中抽象出来。“过程”和“存在”这两个概念是互为前提的。从这个论题得出一个推理：关于过程的“点”这个概念是谬误的。在这里，“点”这个概念意味着可以将过程分析为本身没有过程的最后实在的结构。

试以没有时间绵延的瞬间（例如在某一天的中午）概念为例来加以考察。这样一个概念是没有过程的点的概念。其次，空间上的
132 一个点也可以作为这样的例子。相反，空间的广袤却是转化的幻影。它只有通过某种转化过程才能被经验到。最近三十年来，这条真理以带有一点素朴性的关于光的理论形式征服了近代物理学。

作为这些特殊情况的基础的一般原理是：关于没有个别事物的过程和没有过程的个别事物的错误概念，从来不可能彼此协调。

如果人们从这些错误概念之中的某一个概念出发，那他们一定要把其他概念当作没有意义的东西而加以忽视。

算术中所精心制作的数的概念向来都是以导致这样的错误分离的偏见来加以研究的。每一个别事物都没有数量性，而静止的集合的特征却由数来说明。按照这种方式，在我们研究算术时似乎就没有过程。这样数学就被看作是一种为虚伪的形而上学充当避难所的试验场。

当柏拉图思考数学时，他就设想有一个不变的形而上学世界，并把这个世界同转化世界中的单纯的模本对立起来。但是当他思考活动的现实事物时，他就趋向于相反的观点。为了使形式不至于空洞无意义，他要求有“生命和运动”。

我在这几讲中采纳了柏拉图的第二种理论，即关于“生命和运 133
动”的理论。数学的融合方式，如“加法”、“乘法”、“级数形式”等，都被设想为过程和形式。“相重数”这个概念本身就被设想为离开了过程的形式的抽象，由于这种过程形式，材料获得了成为一种新材料的结果的统一性。

7. 过程和个体性相辅相成。在分离中，一切意义都消散了。过程（或者换言之，欲望）的形式从所包含的个别事物中取得自己的特征，而个别事物也只有根据它们所包含于其中的过程才能被理解。

从这一理论中产生了一个困难问题。怎样才能证明关于推理的某种一般性的概念呢？因为，如果过程以个别事物为转移，那个别事物不同，过程的形式也会不同。从而对于一个过程说的不能适用于另一个过程。对于被看作是包含在不同过程中的个别事物的同一性概念，也有同样的困难。我们的理论似乎破坏了合理性的真实基础。

问题在于每一个别事物都影响将它们包含在内的任何过程。
134 因此任何过程都不能撇开所包含的特殊事物来考察。反过来说也是这样。于是，逻辑的数学上的绝对的一般性就消除了。归纳法也同样失去了任何保障。因为在另外的条件下会有另外的结果。

为了探讨这个问题，首先要指出之点是它的困难与常识一致。不同的科学之间的区分以及不同的研究问题之间的区分都说明了这一点。为了欣赏莎士比亚的十四行诗或巴赫的逃亡曲，不需要先研究地质学。地质学中所讨论的事物同十四行诗和逃亡曲都大不相同。由于这样，一篇地质学论著中所讨论的相互联系与在一首和十四行诗或一部逃亡曲的结构中所揭示的相互联系就大不相同。但是，的确也有模糊的类似之处。有时候这些类似之处还显得重要。例如，希腊人发现了弦长与音调和谐之间的类似以及建筑物面积大小与结构的美之间的类似。

因此，因歧异性产生的不同不是绝对的。在歧异性中仍存在类似。理性主义的方法就是讨论类似。理性主义的局限性在于有不可避免的歧异性。文明思想的发展可以描述为在歧异性中发现
135 同一性。例如，一段日子与一群鱼之间在数目上发现有同一性。

对世界的整个理解在于根据所包含的个别事物的同一性和歧异性来分析过程。个别事物的特点反映在作为它们的相互联系的共同过程的特点之中。我们可以从无论哪一个尽头出发来进行研究，就是说，我们能够理解过程并由此来考察个别事物的特征；或者，我们可以说明个别事物的特征，把它们看作是有关过程的构成

部分。其实，区别不过是着重点的区别。

但是，抽象的这种可能性使个别事物以及构成它们的存在的过程的形式都可以区别来加以考察，这种可能性显示了一种作为一切思维的基础的根本的直觉。这种直觉就在于从对个别事实的经验到特征概念这条根本性的路线。由此，我们进而及于事实连续中特征的稳定性概念。由此，我们进而及于某一既定的连续路线中连续的事实的局部同一性概念。由此，我们进而及于事实的潜在性，以支持这种连续中的这种局部同一性。

换句话说，一旦我们为了把关于连续形式概念和所包含的个 136
别事实概念分离开来而进行抽象，我们就必然引出潜在性(即连续的事实的潜在性和事实的连续的潜在性)概念。我们的一切知识在于享受连续的可能的协调和个别事实彼此之间可能的协调。我们实际上是说，这样一些事实与这样一些连续形式是一致的。我们所考察的是个别事物的可能性和连续的可能性。单纯的直接的例证仅仅是我们的经验的一个方面。

8. 只要过程的概念得到了承认，潜在性概念对于理解存在就是根本性的了。如果根据静止的现实事物的观点来解释宇宙，那潜在之物就消失了。任何事物都是它本来的样子。连续是单纯的外表，是从对知觉的限制中产生的。但是，如果我们从作为根本的东西的过程出发，那现在的现实事物就从过程取得它们的特征，并且把它们的特征加于未来。直接性是过去的潜在之物的实现，也是未来的潜在之物的储备。希望和恐惧、高兴和幻灭都从在事物的本性的极其重要的潜在之物中获得它们的意义。我们满怀希望地追寻踪迹，或者万分恐惧地避免追寻踪迹。直接事实中的潜在

137 之物构成了过程的推动力。

我们在此必须把讨论打断，因为已经说得太多了。宇宙的本质不只是过程。关于没有过程的其他形而上学理论绝不会使伟大人物相信，除非它表达了我们的经验的某个根本方面。例如，牛顿对绝对空间的概念可能是错误的。但它仍然证明了对他而言的一个明显的事实，即过程概念不适用于宇宙的一些因素。在他看来，至少历史实现中空间关系的潜在性是一个超时间的事实。他没有这样来说明这一点。这种表述的格调冲淡了他自己对独立的空间的实在性的信念。

但是，用这种方法来表达的关于空间关系的概念是与现在的历史时代关联密切的联系形式的一个例证。它也说明了作为归纳法的基础的一条主要原理。这条原理是：过程的形式主要是从所包含的基本事实中得出的。因此，它倾向于保持自身，以便支配它
138 自己的未来的实现。这是关于潜在形式有各种各样的关联的理论。因此，关于表现未来实现特征的现在的潜在性的理论，在培根和牛顿的信念中就已隐藏着了。形式的意义就在它在现在具有双重活动性。它表示了现在的特征，从而它形成了未来过程的形式。

另外有两个人物必须补充，即柏拉图和莱布尼茨。柏拉图肯定一个最高的形式领域，莱布尼茨肯定各具有过程的形式的单子。莱布尼茨的理论很使人想起笛卡尔的解析几何学，在这种几何学中，每一条曲线都用一个代数方程式来表示。这种方程式是曲线的描述形式。困难之处在于将静止的形式与活动的过程联系起来。在将事实的静止的直接性同其过去和未来的历史过程联系起来上也存在同样的困难。表达每一个具有其自身完善性的尺度的事实的

相互联系是一个进一步的问题。每一个事实正好就是那个受了限制的事物。那么,事实何以彼此需要呢?最后,每一个直接事实都是它本身的实现。那么,在何种意义上,一个事实能够隐藏作为形式的实现能力的潜在性呢?换言之,按其本性来说,一个形式的实现何以能够包含与其他情境下的其他形式的实现的关系呢?

上面列举的问题是经验常谈的一般化了的陈述。它们只是表 139
示在每一经验瞬间我们的生命对我们当然意味着什么。正是由于这一原因,语言就不能用来分析。我们不必为彼此指出存在的必然性。语言主要是预先假定这些必然性而强调偶然性。我们很少提到什么东西一定存在。我们提到的是什么东西可能不存在。哲学讨论的全部困难在于语言的这种软弱无力。有一本属于离当代很近的用英语写的哲学著作,题名是《空间、时间与神》。塞缪尔·亚历山大(Samuel Alexander)用这一用语向我们提出了一个在人类的严肃的思想中经常出现的问题。“**时间**”指的是过程的转化,**空间**指的是每一种相互交织的存在形式的静止的必然性,神则表示作为直接事实之外的潜在性的理想的魅力。

9. 如果撇开**时间**,那目的、希望、恐惧、能力就都没有意义。如果没有历史过程,那每一事物就是每一事物,也就是一个单纯的事实。生命和运动都丧失了。撇开**空间**,就不存在极点。空间表示成就的停顿。它把直接实现的复杂性符号化。它是关于完成的 140
事实。**时间**和**空间**把宇宙表示为包含了转化的本质和达到成就的东西。转化是实在的,成就也是实在的。语言的困难在于表达其一而搪塞其他。

最后,存在着作为宇宙中的一个因素的**神**。由于这个因素,在现实的东西之后存在着重要性、价值和理想。我们本身之外的价值的意义正是通过空间的直接性与神的理想的关联而引起的。超验的宇宙的统一性和实现了的现实事物的杂多性都因神的这种意义而进入我们的经验之中。离开超验价值的这种意义，实在的他在性(otherness)就不会进入我们的意识中。我们之外的价值是肯定存在的。否则，按照我们自己的唯我论的存在方式，每一个经验到的事物都不过是一种空洞的细节。我们认为有两种明显性正是起于神的意义。一种是世界的许多现实事物的明显性，另一种是世界的统一性的明显性。后者是为了保持被实现的价值并且向实现的事实之外的理想转化。

因此，**空间**、**时间**和**神**是表示三类反省概念的一般名词。用这
141 些概念来理解事物的本性使人类和其他动物区分开来。这种区分不是绝对的。高等动物表现出了种种征象，表明它们在直接事实的直接享有以外还具有理解和信念。而每一个人的生命主要也是一个从直接性到直接性的无声无息的历程，没有为高级反思所照亮。不过，尽管强调了人和动物的种种类似之处，从反省经验的影响来说，仍然有很大的距离。这种反省经验表现了三个主要特征。为了充分地理解它们，这些特征是彼此需要的。存在着共同结合的经验，这些经验是空间经验。存在着承先启后的经验，这些经验是时间经验。

存在着关于理想(接受的理想、指向的理想、达到的理想、破灭的理想)的经验。这是关于宇宙中的**神**的经验。最后这种经验成败的相互交织是极其重要的。由此我们经验到一种与我们自己不同的宇宙的关系。我们实质上是按照不是我们的东西来度量我们

自己的。唯我论者的经验不可能有成败。因为这种经验就是存在的一切,没有进行比较的标准。人的经验明显地将本身与一个外部标准联系起来。这样宇宙就被看作是包含了一种理想的泉源的 142
东西。

这个泉源的能动方面就是内在于现在的经验中的**神**。历史上的重要性的意义就是把宇宙直觉为一个无穷的过程,从它关于理想的神的统一性来说,它是不朽的。

因此,在**神**和历史过程之间存在着一种极为重要的关联。由于这一原因,过程的形式并不完全决定于从过去引申出来。随着时代在失去希望和遭到破坏中衰退,过程的形式就会获得包含了新的秩序的其他理想。

科学研究过去,并根据过去的成就的形式来预见未来。但是,由于现在变成了它所继承的重要性的方式的自我毁灭的东西,于是**神**的影响就在历史过程中树立起了达到其他理想的新目标。

科学所研究的是过去转化的事实,历史所讲的是达到理想的目标。而在**科学**与**历史**之间,存在着关于能的**神**的冲动作用。将死的**科学**事实变成活的**历史**剧的则是世界之中的宗教冲动。由于这一原因,科学从来不可能预见**历史上**层出不穷的新事物。

143 第六讲　文明的宇宙

在这一讲中，我们探讨一个关于宇宙概念的证明。这个概念肯定了描述人类社会各文明阶段的特征的那些理想的正当性。

我们已经假定许多现实事物、它们在历史过程中的协调形式、它们各自不同的重要性以及它们对宇宙统一体的共同重要性，都是自明的。正如上面几讲中所说的，我们必须清楚地懂得，我们不是从明确的前提出发来论证的。哲学正是对前提的探索。它不是演绎推理，这些演绎推理的目的是用结论的论据来检验出发点。

专门科学接受哲学的假定，并且通过将这些假定缩小为所讨论的专门问题的形式而使它们变得比较清晰。同时，甚至在这样局限于专门问题的推理中，演绎逻辑也没有绝对的确定性。由于
144 假定了既定问题之外的那些考虑是无关的，前提就假定了它们的清晰性有限。前提是按照它们个别的孤立状态下的简单性来被设想的。但是，对如下的可能性不可能作逻辑检验，即：导致对各种结构作出详细阐述的演绎程序，可能使诸种考虑发生关系，而论证的原始概念是从这些考虑中抽象出来的。各种不同视域的相互一致从来不可能恰如其分地加以确定。

科学突破它们原来假定的界限，这在科学史上例子很多。甚至在运用于算术中的那种纯粹抽象的逻辑中，在最近半个世纪内，也发觉有必要引入类型理论，以便纠正对原始前提的忽略。

因此，演绎逻辑并没有一般人所给予它的那种绝对至高无上的地位。在运用于具体情况时，它是一种试验性的步骤，最后得由它的结果的自明性来判断。这种理论将哲学置于实用主义的基础上。不过“实用主义”的意义必须是最广泛的意义上的。它在许多现代思想中为一些任性的专家的假定所限制。实用主义不会用武断的 145
否定把自明性排除在外。实用主义所诉求的仅仅是在文明的经验中支持其自身的那种自明性。因此，实用主义归根到底是诉诸文明的广泛的自明性以及我们用“文明”来指称的东西的自明性。

在我们最后撇开演绎逻辑之前，最好提一下变项在逻辑推理中的作用。从这种联系上说，“变项”一词运用于以命题形式出现的符号上，以便构成一个确定的命题。这种命题形式仅仅表示它们有效地运用于其上的某种实有。同时，变项显然是不确定的。在整个论证中它仍然保持了它的同一性。这个概念最初用表示任何数的普通字母如 X、Y、Z 而假定了代数的重要性。在亚里士多德的三段论中，这个概念也显得有些试验性，在那里，像“苏格拉底”这样的人名指的是“在整个的论断中相同的任何人”。

变项的运用是表示整个推理系列中关于“任一”的某种运用的自我同一性。例如在初等代数中，当 X 第一次出现时，它指的是“任一数”。但是在这一推理中，X 的再次出现总是指与第一次出现“同一的数”。因此变项是“任一”的模糊性和某一特殊表示的明确性的一种巧妙的结合。

在运用变项的逻辑推理中，总是默然地预先作了两个假定。146
一个是：当推理得出新的结构时，结构的一定符号保持同样的意义。另一个假定是：当变项为某种确定的情况取代时，每一变项都能保持完全的自我同一性。在提出任何新的结构时，绝不可能保持完全的自我同一性。问题仅仅在于，这种丧失是否合乎论证的目的。摇篮中的婴儿和长大的中年人在某种程度上是同一的。在他种意义上是歧异的。就其结论说，论证的系列是得到了同一性的证实呢，还是受到歧异性的损害？

现在我们把演绎逻辑当作讨论形而上学的一个主要工具大致讲完了。这种讨论所关注的是揭示出自明性。离开这种自明性，演绎推理就失之无效。因此，逻辑预先假定了形而上学。

2. 我们用以把我们自己预先假定为现实事物世界之内现实事物的主要根据是什么呢？为了正确推出与我们自己一致的现实事物世界，不可能从关于质的细节的纯粹主观经验出发来论证。那样“接受形式”(form of reception)就会纯粹是一种假托方式。换言之，接受形式被归结为对我们自己的唯我论存在的估计。它

147 描述我们个人关于质的模式的一种显现的经验。它记述我们内部的一种活动。它不把我们自己记述为其他活动中的活动。它没有注意到我们把自己看作是生物界的生物。我们被归结为对于单纯外表的享受。如果抱着这种假定，那就没有材料来洞察一个有许多协调的现实事物的世界。

在讨论我们的经验时，首先要指出我们关于质的细节的清晰意识在外表上的可变性。这是红的，那是高声的，这另一个是正方形，这种确定的意识是努力集中和排除的结果。它也从未得到确认。总是存在着闪现不定的变异，其产生是注意力大幅度转移的结果。意识是一种不断变化的过程，它从本质存在的整个过程中抽出易变的质。它有所强调。但是，如果我们忘记了背景，那结果就会琐碎。

集中注意真正的质的细节能够引起关于这些细节的单纯连续的意识。例如，我们记录一种为蓝和灰的模式所继的红和绿的模式，这种经验为听到一声清彻的钟声而结束。这里存在的是一种 148
质的主观经验。此外别无其他。整体是没有意义的。这是通过注重意识的抽象取得一种鲜明的经验的结果。

但是我们所意识到的不能只是清晰性，如果我们不根据那些使我们隐隐约约地想到存在的完整性的大量问题来对清晰性作出解释，就不会出现清晰的重要性。

近几个世纪的著名的认识论之所以那样薄弱，原因正在这里。这种认识论把经验整体解释为仅仅是对感性材料的初始的清晰性的一种反应。结果把反应局限于感性材料所供给的材料之内。这些近代哲学思想派别可以仅仅问：对于为蓝和灰的模式所继、为一声清彻的钟声所继的红和绿的模式的感觉得到的情感反应是什么？回答是随你的便（what you like）。要不然，如果你是一个博学之士，那你要是美国人，就会赞成格林尼治村和哈佛的反应，你要是英国人，就会赞成布鲁姆斯伯里和牛津的反应。

换句话说，我们的道德、情感和合目的的经验大部分会被当作琐碎和偶然的东西。我们的大量经验的整体概念如果被看作是对于清晰地察觉到的细节的一种反应，那是虚假的。应当把关系颠倒过来。
细节是对于整体的一种反应。它们补充定义。它们推导出判断的力 149
量。它们使人高于动物、动物高于植物、植物高于矿物，其条件经常是：它们保持住它们对由以产生的土壤的正常关系。它们是解释性的，而不是原生性的。有原生性的东西是隐隐约约的整体。

当然，经验的清晰性因其非常清晰而能产生其他经验。但是这种原生是次要的事实，而不是整体的基础。我们走进房间时已具有一种能动的审美经验，我们欣赏家具的形式和所着的色彩。对于房间的感性经验给已经具有的感受的能动性增加了生动性和着眼点。

3．我们存在的基础是“价值”的感觉。“价值”实质上预先假定了“有价值的东西”。在这里，不要从纯粹赞赏的意义上来想像价值概念。它是为了本身存在的意义、作为本身的证实的存在的意义、具有本身的特征的存在的意义。

细节的区分肯定是次要的过程，它可能假定重要性，或者不可能假定重要性。在此有区分的胚芽，它可能开出，也可能不会开出不同的经验之花。模糊不明的决定是一种范围广泛的判断，即回
150 避或保持。分析为细节的阶段未曾达到。这些细节有的应当抛弃，有的应当保持。存在的只是对于整体的范围广泛的感受：回避它或者保持它。

其次，区分的初始阶段主要不是性质上的。它是对实在的隐隐约约的掌握，将其分为一个三重图式，即整体、那个他者以及这个自我。

这基本上是一种朦胧的分类。整体感使自我和他者的分析变得模糊起来。这种分类主要也是以存在作为一种价值经验的感觉为基础。就是说，整个价值经验被分为这种价值经验和那些价值经验。存在着作为一的多以及包含了多的一的朦胧的感觉。关于一的感觉也有两种，即作为全体的一的感觉和多中之一的感觉。

这种描述的根本基础在于我们的经验是一种价值经验，它表示关于保持和抛弃的一种隐约的意义；在于这种价值经验在具有

价值经验的许多存在的意义上将自身区分开来；在于价值经验的
这种杂多的意义又把它区分为价值经验的整体、许多其他价值经 151
验以及自我的价值经验。存在着对自我、他者和整体的感受。从存在享有抛弃和保持说，这是对它的区分的隐约的、基本的表达。我们每一个人都是他者中之一，我们全都包容于整体的统一之中。

民主制的基础是价值经验的共同事实，因为价值经验构成现实事物每一冲动的本性。任何事物都有为自身、为他者以及整体的价值。这一点表明了现实事物的意义的特征。由于这种构成实在性的特征，于是就产生了道德概念。我们没有权利损害作为宇宙的真正本质的价值经验。存在按其本性说是价值强度（value-intensity）的保证。另外，任何单位都不能把自身与他者分割开、与整体分割开。但是，每一单位的存在都是无可非议的。它为自身保证了价值强度，而这一点包含了与宇宙分有价值强度的意义。在任何意义上存在的任何事物都有两个方面，即它个别的自身以及它在宇宙中的意义。同时，这两个方面的任何一方面都是对方的一个因素。

到此为止，我们所考察的是经验的朦胧的基础。在动物经验
中，还有一个敏锐地区分质的过程相继。视觉、听觉、嗅觉、味觉、
触觉等感性经验都被区分开来。同时，在每一种这样的质的内部 152
也有清晰的区分。例如红与绿的区分，声音的区分，滋味的区分。

随着使自身与关于价值感受的宇宙发生关系的清晰的感觉的产生，人类的经验世界便获得了确定。

4. 在此必须对上面的解释加以回顾。流行的关于认识论的理论显然完全被颠倒过来了。这种流行的理论在十八世纪休谟的《人性论》中达到了顶点。它以我们经验中的完全确定的因素为基础。声、色等等之类的感觉的感性材料无疑是存在的。于是，人们认为它们既然是确定的，所以它们是根本性的。

因此，从以这些感觉为源泉这点来说，经验中的其他因素应当看作是派生的东西。情感、欲望、希望、恐惧、爱、恨、目的、记忆都不过是与感性材料相关的东西。离开感性材料，它们就是非存在的。

这是一种在本讲中将被否定的理论。解决问题的唯一方式只能是诉求经验的自明性。在休谟的《人性论》中，这种诉求是他建立自己的理论的基础。

153 为了反对休谟对经验的解释，首先要指出的一点是这些不同的感性材料是我们生活中最易变的因素。我们可以闭住双目或者永远失明，然而我们还是活着。我们可以是聋子，但我们依然活着。我们几乎可以任意变换或者变更这些经验的细节。

其次，在一日之内，我们的经验因其对待感性材料的方式不同而发生变化。我们完全醒着，我们打盹，我们沉思，我们入睡。就清晰性而说，我们所接受的感性材料中没有任何东西是基本的。此外，在我们的生活历程中，我们开始孕育于子宫中，继而躺在摇篮中，我们逐渐获得将我们的基本经验与新获得的感性材料联系起来的技能。

再次，人类不过是万千种存在中的一种。存在着动物、植物、微生物、生命细胞、无机物理活动。在科学发展的初期，人们在考察自然界时，把它当作是包含了为不可逾越的界限分离开的不同的种和属的东西。今天进化论盛行起来了。我们毋需把这种理论看作是包含了向上进化意蕴的理论。我们所观察到的其实是从种到种、从属到属的历史转化。关于各种不同动物的质的经验似乎是大不相同的。从某些方面说，人类的感觉的敏锐性逊于动物。154 例如在嗅觉上逊于某些狗。从另外一些方面说，在机体组织处于低下类型的生物中，似乎有理由认为这些经验还有些朦胧。但是它们还是会对外界作出反应。

换言之，对于环境的反应，并不与感觉经验的清晰性成正比例。任何一种这样的理论都会把整个现代自然科学当作由无关联性的名词所表达而全部推翻。由于感觉经验的初始性，反应并不以它为转移。

现在我们已把论证限于我们所熟知的人类经验之内。这种经验由于它的优点，不完全以感性经验的清晰性为转移。在清晰性上，专家的水平低于动物——猎狗的嗅觉、鹰的视觉。

人类在感性经验方面并非特长。直接的、生动的清晰性一点也不占支配地位，以致使实在的构成中所包含的无限的多样性模糊起来。感性经验是一种说明现实事物的完整性并且使它有完整性的抽象。它增加了重要性。但是，这样得出的重要性并不只是一张红、白和蓝的颜色表。它涉及隐于其实现的有限性中的现实事物的无限性。

5. 笛卡尔继承了可以追溯到哲学最初产生时起的传统，他从 155
完满概念得出了上帝存在的证明。他的论证是不能成立的，因为他把上帝与历史宇宙分离开来了。这样结论就以关于未知的东西的无意义的话语为转移。我们和我们的诸种关系处于宇宙之中。

哲学的出发点是将经验的一个方面加以规定，这个方面最为充分地表现了存在的普遍必然性。为了回答这个问题，笛卡尔提出了“清晰和明白”的公式。由于这样，他势必为下一个世纪的休谟开辟了道路。笛卡尔和休谟所引起的哲学讨论的巨大价值在于他们都没有始终不渝地遵循这个公式。人类经验中清晰和明白的因素无疑是高级的感性材料。对这些明白的感性因素是我们生活中比较表面的要素这个结论，我们一直在为其思考理由。

在哲学思想史上，没有任何东西比我们用以假定我们与自己身体联结的那种朴素方法更令人惊奇的了。人与其身体的统一是众所公认的。身体的终点和外部世界的起点在何处呢？例如，我
156 的笔是外在的，我的手是我的身体的一部分，我的指甲也是我的身体的一部分。此外，当空气通过我的嘴和咽喉进出于我的肺部时它也按其与身体的关系而张弛。身体之与外界可区分无疑是非常模糊的。事实上，它只是其他自然对象之一。

但是，“身和心”的统一仍然是构成一个人的明显的复合体。我们的身体的经验是存在的基础。应当怎样来说明它的特点呢？首先，就经验一词的清晰和明白的意义来说，它主要不是感性材料的经验，健康的身体的内部活动所提供的感性材料极少。它们主要是一些与身体相关联的材料。如果有了这些感性材料，我们就得去看医生。因为它们多半意味着有了病痛。但是，我们对于身体的统一的感受是一种基本经验。这种经验当然是很平常和很完善的，所以我们很少提到它。从来没有谁说：这里是我，我带着我的身体。

这种关系的内在性何在呢？身体是我们的情感的和合目的的经验的基础。它决定了我们对清晰的感性材料发生反应的方式。它决定了我们享有感性材料这一事实。但是，眼睛凝视并不是视觉。我们用双眼观看，但我们不是看自己的眼睛。

157 人体是自然界的一部分，由于有了它，人的经验的每一瞬间都

密切配合。在身体的现实存在和人的经验之间存在着流进流出的因素，因此每一个因素都分有其他因素的存在。人体提供了我们对自然界的现实事物的相互作用的最密切的经验。

日常语言、生理学和心理学提供了一种证明。这种证明有三个方面，即：身体是自然界的一部分，身体为情感和感性活动提供了基础，人的经验的振动传递为其后的身体活动。

身体是自然界的这样一部分，它的种种活动非常协调，以致相应的人的经验的种种振动也相互协调。振动的各种类型之间存在着转化。

只要自然界被想像为一块块物质的被动的和瞬间的存在，那按照牛顿和德谟克利特的观点来看，就会产生一个困难。因为，在一个瞬间的物质与经验的振动之间存在着本质的区别。但是，这种对
物质的看法现在已被推翻。关于身体的活动和关于转化形式的类 158
似的概念适用于人的经验和人体。因此，身体的种种活动和经验的种种形式可以设想为互为依据。此外，身体是自然界的一部分。因此，我们最终把世界设想为我们的直接经验中所揭示的那种活动。

6. 这个结论不应当受到歪曲。由于一种反应，这种关于被动物质的错误概念导致了对人类经验的歪曲解释。人性应当依据它的生动的偶然因素，而不应依据它的存在本质来描述。必须把对它的本质的描述运用于胎儿、摇篮中的婴儿、睡眠状态以及几乎不能为意识所感触到的那种广阔的感受背景。意识的清晰性的区分是人的存在的一个偶然因素。它使我们成其为人，但是它并不使我们存在；它涉及我们的人性的本质，但是它是我们存在的一个偶然因素。

作为我们对质的细节的有意识的分析的基础、并给这种分析

以意义的我们的基本经验是什么呢？在我们分析细节时，我们预先假定一种提供一种意义的背景。这些生动的偶然因素强调在此已有的某种事物。我们需要描述我们经验中一个这样的因素，它理所当然地不会明显引起谈论。这里毋需提及。由于这一原因，
159 语言对解释形而上学是极为无用的。

我们对现实事物的享受是价值(善或恶)的一种实现。它是一种价值经验。它的基本的表达是——注意，这里有要紧的东西！对——这是最好的用语，因为意识最初的闪光就发现有某种重要的东西。

这种经验引起了朦胧的甚至是下意识的注意。在“某种重要的东西”中，注意产生了三重特征。整体性、外在性和内在性是“重要的东西”的基本特征。不要把它们看作是清晰的、分析的概念。经验通过这些预先作出的隐约的假定而苏醒，并由此支配它对细节的分析的日益增加的清晰性。从表达经验所显露的那种明显性的意义来说，它们是一些预先作出的假定。存在着实际事实的整体性，存在着许多事实的外在性，存在着整体内部的这种经验活动的内在性。

这三个类处于一个水平上。无论在何种意义上，其一都不先于其他。存在着在其内部包含了我的事实和其他事实的整个事实。同时，事实(或现实事物)的隐约的意义对于它自身、对于他者、对于整体，都是极其重要的。

160 7. 当然，我们所有的词汇都过于专门了，与经验的高级阶段的关系过于明显了。由于这个原因，哲学类似于想像艺术。它暗示它的单纯命题以外的意义。整个说来，精心制作的词汇隐藏着

更为原始的意义。

同样，随着揭示过程的发展，事实揭示它们自身是历史转化中的阶段。重要性发现它自身是情感的转化。我的重要性是我现在的情感价值，它在其自身中体现从整体和其他事实的推导，它在其自身中体现与未来的创造性的关联。

这些体现既在经验着的自我中把众多的事实统一起来，同时又通过与这个自我的各种各样的关联而把这些事实分开。有些事实对于直接的自我具有一种非常密切的关系，以致可以认为与它们有一种直接的统一性。这样，使个人存在持久化的自我同一这个概念就产生了。它是关于有许多存在阶段的一个人的概念。但是，一切经验的基础就是经验活动的直接阶段，即是现在的自我。同时，在经验活动中揭示出来的外部事实，也更加隐约地、倏忽即逝地以同样的方式将它们结合起来。

但是，重要性的意义并不只是关系到经验着的自我。将本身区分为对整体、多以及自我的揭示的正好就是这种隐隐约约的感觉。融入自我的重要性中的是他者的重要性。现实事物是对重要性的 161
自我享受。但是这种自我享受具有融入一个自我的享受中的他者的自我享受的特征。关于这一点的最明显的例证是我们对于这样一些其他现实事物的实现，我们把这些现实事物看作是我们最近过去中的我们自己，并把其自我享受与我们的直接当下融合起来。这个例证只是每一个别现实事物中宇宙的统一性的最生动的例证。

这种描述的要点乃是某种作为重要的东西的现实事物的概念。因为这种东西本身的自我享受，它就包含了他者的享受以及向未来的转化。

质的区分现在已经在完全经验的形成中达到了。质的多样性是无限的，因此任何描述都受到了不自觉地假定质的某种特殊性的限制。

存在着最低级的现实事物所享有的模糊的质的规定。存在着为人类经验所享有的清晰的、明白的质，存在着种种中间阶段，存在着人类经验从未触及的阶段。如果我们相信自己对于各种各样
162 的人类经验的记忆，那质的区分无疑会使经验的强度大大增加。重要性的意义是一种对经验到的质进行分析的作用。这样说并不过分。然而它仍然是一种过分的解释，说得更恰当一些，是一些过于简单的解释。某一项经验的内在的重要性需要对它的一个因素作极为清晰的分析，这一点似乎是不可移易的。在此，“内在的重要性”一语指的是“自为的重要性”。

但是这种解释的整个论点是：我们是对一个被经验的世界作出区分。这个世界是质的区分的对象。文明所涉及的是按照一个被给予的世界的质的规定性对这个世界的理解。

8. 这种理论把休谟的观点以及从他的理论中引申出来的各种各样的观点完全颠倒过来了。在休谟那里，质的规定是第一位的，而世界则是作为第二位的推测而引申出来的。应当指出，我们的解释无非是扩展了如下一种看法：“力”(power)乃是我们关于种种“实体”概念的基础。这个“力”概念可以在洛克和柏拉图那里找到，但是他们只作了倏忽一现的表达，从未加以发挥。我们的经验开始于力的感觉，进而及于个别事物和它们的质的区分。

163 另一个结论是：“现实事物”按其本质说是“结构”。力是结构的推动力。一切其他类型的结构都是达到现实事物的阶梯。最后

的现实事物是力的统一性。力的本质在于推向自为的审美价值。一切力都是从达到自为的价值这个结构的事实中派生出来的。不存在别的事实。**力**和**重要性**是这一事实的两个方面。它构成了宇宙的动力。它是保持它的生存力的动力因,它是在创造物中保持其创造欲望的目的因。

外在性的意义是以对结构过程的基本的自我分析作为基础的,这种分析揭示了结构中的诸因素,还有它们的自我享有以及将这种自我享有贡献给它们作为其因素的直接结构。

这样的因素有两种类型。在一种类型中,存在着许多因素,它们在历史过程中为新创造物形成历史环境。它们是新结构中的因素,这种结构的完成则是这些因素本身之一。这是对经验的基本陈述。如果哲学辞典中没有表达它的单词,那这种辞典就太差了。

9. 第二种类型的因素实际上只有一个例证。这就是在我们 164

关于历史事实的整体(从其本质的统一方面说)的自为价值的感觉中所揭示的事实。宇宙中存在着享有价值和(通过其内在性)分享价值的统一体。试以原始森林中一块孤立的空地上的一朵花的美妙为例。任何动物都永远没有享受它的整个美的敏锐经验。但是,这种美仍然是宇宙中一个重要的事实。如果我们考察一下自然界,想一想动物对它的享受怎样短促和肤浅,如果我们理解到为何每一朵花的孤立的细胞和颤动不可能享有整体的效果,那我们关于细节对整体的价值的感觉就会在我们的意识中明确起来。这是对于神圣的直觉,是对作为一切宗教的基础的神圣的东西的直觉。在一切向上发展的文明中,这种神圣性的意义都有特别有力的表达。随着文明的每一阶段濒于崩溃,它就会成为经验中一个倒退的因素。

现在我们来讨论对笛卡尔关于“完满”概念的另一种解释。它是历史上的一种力的概念，这种力将一种特征植入每一历史时代的过程的形式中，使之趋向应在那一时期内实现的某种理想。这
165 种理想从未实现，也不可能实现，但它仍然在塑造待实现的东西的形式。

例如，在美国宪法中笼统地描绘出了关于人的自由、活动和合作的理想。这种理想从来没有完满实现。由于它没有说明为人类开辟的各种各样的可能性的特征，它是有限的，不完满的。但是这样一部宪法还是隐约地揭示了这个时代一种理想化的能力的内蕴，由于这种能力，空泛的过程变成了光辉的历史。

在这个讨论中，我们支持一个论题，即外部实在的意义（就是说作为现实事物世界中的一个现实事物的意义）是由审美意义所赋予的。这种经验要求肯定任一经验境域的有限的直接性之外的关联。如果在这种境域中未能自觉地分辨出这种意义，那这种境域就太坏了。这种理论适用于所有大小经验。我们关于正当性的直觉揭示了事物本性中的一种绝对性，**一块方糖**的滋味就有这样的绝对性。

重要性的各种各样的变化非我们的软弱的想像力所能及。但是，任何经验因素中审美的重要性具有它的直接当下的存在之外
166 的证明。自我享有一种超出它本身范围的重要性。

动物的意识的产生以及随后人类意识的产生是物种特殊化的胜利。它与清晰明白的感性经验的进化是密切联系的。存在着从一团模糊的原始感受中得出的抽象，存在着对于少数几种比较清

晰的质的细节的注意。这些都是感性材料。

除非物理学和生理学是无稽之谈，那么作为视、听等感觉的质的经验就会包含在动物躯体内部和外部的错综复杂的反应之流中。从个人对外部世界的经验的朦胧感觉来说，这些经验全都潜在于意识之下。这些感受是大量的、朦胧的。它朦胧到这种程度，以致个人对外部世界的经验这一自负的话语似乎没有意义了。可以更为简单地来解释一种特殊情况。例如，“我看见一个蓝色斑点在那儿”包含着孤立的自我的隐约性和“在那儿”的外在性。这里存在着预先作出的对“自我”和外部世界的假定。但意识所注意的是那儿的蓝色的质。没有任何东西能够更为简单或者更为抽象。但是，除非物理学家和生理学家是在胡言乱语，那还是存在着在抽象中被忽视的大量可说的事。

再者，我们随后的行动是遵照科学家所说的话，而不是首先去 167
关注斑点的蓝色。我们也许想保持或者变更这种经验。但是我们的行动是受我们的身体支配的，这一点是不可移易的。我们没有触及蓝色的质。我们着手做的是改变蓝色的事物与在其环境下的各种活动的关系。

如果我们仅仅意识到质的形式上的关系，那在审美上就会失败。这是对关系的可能性的枯燥事实的承认。实在的感觉就是效用的感觉，而效用的感觉就是躯使欲望得到满足。存在的是一个自身能够是实在的、在现在满足自身的过去。

10. 事实按其本性来说包含了某种不是事实的东西，尽管后者构成了一个在事实内部实现的项目(item)。这是事实的概念方面。但是哲学的传统总是过于抽象。在现实事物中没有这样“单纯概念"的独立项目。概念总是以情感,即以希望或者恐惧、恨、殷切的欲望、分析的意志来表现的。欲望的质的变异是无穷的。但是,离开了作为其情感起源的有关情感的引导,"单纯概念"或"单纯实现"概念就是虚妄的。休谟要不是由于设想一种与经验中的
168 其他因素没有本质联系的原始的空泛感性印象事件,以致使问题过于简单化,在他那里本来也可找到这里所维护的理论。所幸的是,在他后来的论证中,他往往忘记了他的明显的前提。因此,可以用许多方法来想像他的意思。但是在与相反的思想方法进行争论时,他是根据这些前提的精确结论来对它们加以评判的。

从这部讲演录所作的讨论中得出的最后结论,在于正确地调节抽象过程的重要性。将现实事物中的高等和低等的类区分开来的经验的那些特征,全都以抽象为转移。生命胚胎通过它们的存在所固有的抽象而与无生命的物理活动区分开来。人类通过他们注重抽象而与动物区分开来。人类的堕落因其从审美内容分离出来的冷酷的抽象占支配地位而与人类的上进区分开来。

意识的发展就是抽象的上升。这是着重点的发展。整体的特征是通过选择它的细节来表达的。选择要求肯定一切与其本身有关的注意、享受、行动和目的。这种集中注意唤起了一种自我实现
169 的能力。它是走向与揭示在历史过程中目的的统一性的那种实现冲动相统一的一个步骤。

但是,能力的这种提升要预先假定,抽象之得以保持下来,是因为它与它由以引申出来的价值实现的具体意义有适当的关联。抽象的效用由此促进了整个经验的生动性和深刻性。它激动了深处。

因此，对抽象的一种有幸的运用是向上的进化的本质所在。但这样好的运用并无必然性。抽象可以在经验中发生作用，以便将它们从其与整体的关联中分离出来。在这种情况下，抽象的经验是对兴趣的一种动摇，后者将会不断地损坏它本身幸存的广阔基础。

值得指出的是，在考虑抽象时，总会出现一种能持续存在的本能，想要恢复作为抽象的逆转的联系。这种部分为本能的、部分为意识的逆转，乃是可能为抽象所产生的那种高等生命的智慧。

例如，在感性经验的意识中，我们首先注意某种感性的细节。然后环顾周围和注意视听环境。我们力图在意识中引入赋有意义的单位，诸如整幅画、整个建筑物、生物、岩石、山、树。 170

这些生动的意识经验是向具体的东西的回复。这种回复可能被误解。抽象可能把我们错引到它由以产生的实在的复合中去。但是，在意识之后的不明显的深处，存在着抽象之后的实在事物的感觉。对过程的感觉始终存在。存在着从具体的价值经验整体中产生的抽象过程，而这个过程有倒回到它的起源的倾向。

11. 但是，作为经验的最高度的生动性的意识并未满足于帷幕之后模糊不明的重要性感觉。其下一个步骤是探求它本身的意识领域内的各种本质联系。这是理性化的过程。这个过程乃是认识外表上处于分离状态的抽象的细节的本质联系。既然抽象能够在意识领域内逆转，所以理性化就是抽象的逆转。

我们的力量是有限的。因此，尽管在这个逆转过程中没有一个项目必然处于我们之外，但它还是局限于我们的直接的意识领域偶然呈现给我们的环境之内，因此理性化是一个理想的部分实现，这个理想就是发现抽象的分离之内的具体实在。 171

这种分离乃是这样一种现象，它被用来当作将有限的意识的区分开来的代价。具体的实在是个别经验过程的出发点，它也是意识的理性化的目的。达到目的的奖赏是通过意识和理性对经验的提升。

第 三 篇

自 然 界 与 生 命

第七讲 无生命的自然界 173

哲学是惊异(wonder)的产物。力图对周围世界的特征作总的描述是人类思维的遐想。作出正确的陈述看起来非常容易、非常明显,但我们总是做不到。我们继承了传统的理论;我们能够发觉过去时代的疏忽、迷信以及轻率的概括。我们非常明白我们所意谓的是什么。但是,一旦涉及对我们的知识的细节的表述,我们却又非常动摇不定。“细节”这个词是整个困难的关键所在。谁都不能笼统地来谈论一般**自然界**。我们必须着眼于自然界中的细节,讨论它们的本质和它们的相互联系的类型。周围世界是复杂的,是由细节结合而成的。我们必须确定细节的主要类型,我们应当竭力用它们来表达我们对**自然界**的理解。我们必须分析、抽象并理解我们的种种抽象概念的自然地位。乍一看来,我们能够按照
鲜明和确定的类来把我们在**自然界**中所发现的各种不同的事物和 174
事物的特征加以划分。每一个时代都设法找到似乎是研究专门科学的基本出发点的分类方法。每一后起的时代都发现前人的主要分类并不适用。从而对于把这些分类当作牢靠的出发点的**自然规律**的一切表述产生了怀疑。哲学乃是解决这个问题的探索。

我们的第一步必须是对这里所用的“**自然界**”一词下定义。在这几章中,**自然界**指的是根据清晰明白的感性经验(视觉的、听觉的、触觉的)所解释的世界。这样一种解释对于人类的理解显然是

特别重要的。最后这几章所谈及的问题，就是我们究竟由此能走多远？

例如，我们可以设想自然界是由不变的事物，即一块块在空间中运动着的物质（如果没有它们，空间就是空的）所构成的。这种对自然的想法与常识的观察显然相符合。存在着椅子、桌子、岩石、海洋、动物、植物、行星、太阳。某一座房屋、某一个农场、某一只动物持续的自身同一，是社会交际的一个前提。这在法律理论
175 中得到了肯定。它是一切文献的基础。因此，一块物质就被看作是一个被动的事实、一个单个的实在，它在一瞬、一秒、一时或者一年内都是相同的。这样一种物质的、单个的实在，包容了它的各种各样的质的规定，如形状、运动、颜色、气味等等。自然界的事件就在于这些质的规定的变化，尤其是运动的变化。这样的一块块物质之间的联系纯粹是空间关系。因此，运动的重要性源于它是改变物质事物相互联系的唯一方式。人类由此出发来讨论这些空间关系，发明了**几何学**。空间的几何学性质被看作是这样一种方式，即**自然界**以之将决定关系加于作为空间的唯一占据者的所有一块块的物质之上。空间本身被看作是亘古不变的、永远同质的东西。这样我们就对**自然界**的特征作了一个直接的解释。它与常识一致，并且在我们存在的每一瞬间都可确证。我们在同一把椅子上，在同一座房屋内，用同一个身体坐上几小时。房子的大小是由它
176 的空间关系来确定的。存在着颜色、声音、气味，它们部分不变化，部分变化。变化的重要事实也为动物躯体以及无机物的运动所确定。关于**生命**和**精神**的进一步的概念也应当用某种办法将其交织在**自然界**的这个总的概念之内。

我力图概略地指出关于宇宙的一般常识概念，这个概念大约在十六世纪初，即公元1500年左右，在欧洲的一些进步思想家中酝酿形成。它一部分是继承希腊思想和中世纪思想，一部分是根据任何瞬间都可在我们周围世界中确证的直接观察材料。它是这样一种预先假定的支持，后者提供了一切进一步的问题都可从中找到答案的词汇。在这些进一步的问题中，最根本和最明显的问题是那些关于运动的规律、生命的意义、精神的意义，以及物质、生命和精神的相互关系的问题。当我们考察十六世纪和十七世纪伟大人物采用的方法的时候，我们发觉他们都预先假定关于宇宙的这个一般常识概念，并力图用它所提供的词汇来回答一切问题。

我认为，毫无疑问，这个一般概念表达了关于我们周围世界的 177
广泛的、普遍的真理。唯一的问题是这些真理怎样成为根本性的。换言之，我们必须问，宇宙的哪一些广泛的特征不能够用这些词汇来表达；我们还必须问，我们是否不可能找到一些其他概念，它们会说明这个常识概念的重要性，也会说明与常识概念所忽视的其他特征的关系。

当我们概观十七世纪以来直到今天的整个时期内科学思想的进程的时候，就会发现两个奇怪的事实。第一，自然科学的发展逐渐排除了原始的常识概念的所有单纯的特征。就这个概念被看作是表达宇宙必须据以来解释的那些基本特征的概念来说，它已一无所有了。明显的常识概念就其作为一切解释的基础的作用来说，它已经完全被破坏了。所有各个论点都一一被废弃了。

十七世纪以来的思想的第二个特征同样突出。这个常识概念在人类的日常生活中仍然是至高无上的概念。它支配着市场、运

178 动场、法院，实际上支配着有关人类社会问题的交流。它在文学中是至高无上的，它也为一切人文科学所采纳。这样，自然科学和人文科学的假定是相对立的。当人们试图去作某种调和时，就往往采纳某种神秘主义。不过总的来说并不存在调和。

的确，甚至当我们专门注意自然科学时，也从来没有看到一门专门科学以调和属于所有不同自然科学的假定为基础。每一门科学都以某一片断的论证为限，并根据这一片断所提出的概念来建立自己的理论。由于人类的能力有限，这样一种做法是必要的。但是，对于它的危险也必须时刻铭记在心。例如，在过去一百年里，大学里的系科愈增愈多。这从行政管理的意义上说虽然是必要的，但却容易使教授们的精神活动烦琐化。由于两种思想方法的这种残余影响，结果就产生了一种补缀的做法。

从两种观点所得出的假定不时相交织。每一门专门科学都必须接受其他科学的成果。例如生物学假定了物理学。一般说来，
179 这些假定从一个专门领域转借到另一个专门领域的情况实际上是30或40年前的科学所发生的。我少年时代的物理学的假定对今天的生理学家的思想仍有强大的影响。实际上，我们甚至没有必要谈及生理学家。昨天的物理学的假定仍为物理学家所坚守，尽管在细节上所得出的明确的理论否定了这些假定。

为了理解现代思想中旧和新的这种不时交织的现象，我打算重提一下旧的常识理论的主要原则。这种理论甚至在今天也还是日常生活的共同理论，因为在某种意义上它是对的。在空间中存在着一块块持续保持自身同一的物质。空间没有它们就是空的。每一块物质都占据一块确定的有限部位。每一个这样的物质粒子都有其特有的质的规定，如它的形状、它的运动、它的质量、它的颜色、它的气味。这些规定有的变化，有的不变化。一块块物质间的本质关系是纯粹的空间关系。空间本身是永恒不变的，它总是包含了使一块块物质发生这种关系的能力。几何学是研究这种使物质发生空间关系的能力的科学。物质的运动包含了空间关系的变化。除此 180
以外，它并不包含任何东西。物质所包含的不外是空间性以及对质的规定的被动的支持。它在性质上可以规定，而且必须规定。但是，质的规定是一种即是其本身的空的事实。这就是关于作为自身完善的、毫无意义的事实的复合的**自然界**的重要理论。这就是关于自然科学的自律的理论，是我在这几讲中所否定的理论。

现代思想的状况是：这个总的理论中每一单个论点都被否定了，但是由作为一个整体的这个理论所得出的一般结论却顽强地保留下来了。结果就使科学思想、哲学宇宙论以及认识论陷于一片混乱。然而，任何没有隐含地以这种观点作为前提的理论却都被斥之为非理智的理论。

应予抛弃的第一点是有关我们在感性知觉中区别开来的那些质的规定，即颜色、声音、气味以及类似的质的规定。光与声的传递理论引入了第二性的质的理论。颜色和声音不再存在于自然界中，它们是知觉者对于身体内部的运动的心理反应。这样，自然界中所剩下的就是为质量、空间关系以及这些关系的变化所规定的一块块的物质。

第二性的质的这种丧失是对于**自然界**的极大的限制。因为它 181
对感知者的价值被归结为它作为单纯刺激的动因的作用。引申出来的心理刺激也主要不是与自然界的因素相关。颜色与声音是心理反应所提供的第二性的因素。但是,仍有一个奇怪的事实,即这些第二性的因素是作为与空间相关的东西而被感知的,而空间是自然界的最主要的基质。我想,休谟是第一个根据关于第二性的质的知觉的流行的理论而明白地指出我们的知觉的这种混杂性质的哲学家。诚然,当洛克把颜色看作是**自然界**的事物的**第二性**的质的时候,他就已隐约地猜测到了这种混杂的特征。我想,任何忠实于事实的宇宙理论都应当承认感性知觉的这种人为的特征。也就是说,当我们感知红玫瑰的时候,我们把我们从一个来源所得的关于红的享有与从另一个来源所得的空间部位的享有联想在一起。我所得出的结论是:感性知觉在暴露事物的本性上的全部实际作用是非常
182 表面的。这个结论为永远依附于感性知觉之上的欺骗(即虚幻)的性质所支撑。例如,我们关于在一些年以前毁灭了的星星的知觉,我们关于镜子中的影像或由折射作用所获得的影像的知觉,我们的双重视觉,我们在服用毒品作用下的视觉。我与近代认识论的争执在于它因感性知觉提供关于**自然界**的材料而仅仅强调感性知觉。感性知觉并不提供我们据以对其作解释的材料。

纯粹的感性知觉不提供解释它本身的材料,这个结论是休谟哲学所体现出来的伟大发现。这个结论说明为什么休谟的《人性论》成了所有以后的哲学思想的不可辩驳的基础。

常识理论中的另一点是关于空的空间和运动的。第一,光和声的传递表明,明显的空的空间是我们没有直接感知到的那些活动的舞台。这个结论为关于各种类型的精细的物质的假定,即我们不能直接感知到的以太所说明。第二,这个结论以及粗大的普通物质的明显的活动向我们表明,物质的运动在某种方式下为物

体彼此间的空间关系所决定。在这点上，牛顿作出了科学在两个世纪以上的时期内以之为基础的伟大综合。牛顿的运动定律提出 183
了一个大体的架构，关于物体的运动的内部联系的更特殊的规律可以嵌入这个架构中。他还在他的以相互距离为转移的万有引力定律中提出了这样一个特殊定律的例子。

牛顿物理学的方法论是一个无与伦比的成就。但是，他所引出的各种力仍然没有给**自然界**以意义和价值。物体的本质（它的质量、运动和形状）不能说明引力定律。甚至即使能够把特殊的力设想为宇宙纪元上的偶然的东西，用牛顿的质量和运动概念也不能说明各种物体为什么会为它们之间的某种压力联系起来。然而，作为物体之间的本质联系的应力概念，是牛顿关于自然界的概念中的基本因素。牛顿所留给经验研究的东西是现存的特殊应力的测定。在这种测定中，他把他的引力定律所指出的各种应力孤立起来，而作出了一个宏伟的开端。但是他并没有暗示究竟为什么在事物的本性中会有某种应力。这样，物体的随意运动就由物体之间的随意应力来解释，而物体与它们的空间、质量以及运动初 184
态相结合。由于他用应力（特别是引力定律）来代替运动的错综复杂的变换，他就大大地加重了自然界的体系方面。但是他使体系的所有因素（特别是质量和应力）处于没有任何共存理由的分离因素的地位。他由此而说明了一个伟大的哲学真理，即僵死的自然界不能有任何理由。一切终极理由都依据价值的目的，而僵死的自然界没有目的。生命的本质就是它为它本身的目的而存在，作为价值的内在结果而存在。

因此，在牛顿派看来，**自然界**不提供理由，因为它不可能提供

理由。把牛顿和休谟结合起来,我们就获得一个质朴的概念,即一个没有任何解释本身的材料的知觉领域,以及一个没有任何理由来说明其因素的一致的解释体系。康德以来的近代哲学以各种不同方式来使之可以理解的,正是这种观点。我自己的看法是:这种论点是一种归谬法(reduction ad obsurdum),不应当把它当作哲学的基础。康德是第一个以这种方法把牛顿和休谟结合起来的哲学家。他接受了二者。他的三个《批判》就是为使这种牛顿-休谟的论点可以理解而作的努力。不过,牛顿-休谟概念是所有现代哲
185 学思想的基本假定。任何为窥探它的真理的尝试在哲学讨论中几乎都被痛斥为不可理解。

我在这几讲中的主要目的是扼要地指出,无论是牛顿的贡献或休谟的贡献,都各有其严重的弱点。他们就他们所涉及的范围说都是正确的。但是他们忽略了经验到的**宇宙**和我们的经验方式的那些方面,而这些方面共同导致一些更深刻的理解方法。在处于哥伦比亚特区的华盛顿的新近局势下,牛顿-休谟的思想方式只能认出感性观念的复杂过渡和分子的连带运动,而对于整个世界的最深刻的直觉却能够看出美国总统的就职在开始人类历史中的新的一章。在这种情况下,牛顿-休谟的解释忽视了我们的直觉的理解方式。

现在我进而来谈现代科学在推翻基本常识概念的其余各点的可靠性上的影响。十六世纪科学的发展就是以这种概念为出发点的。不过,在今天的物理学的改造中,牛顿派的概念的片断仍顽强地保留下来了。结果就把现代物理学归结为一种对于一个不可理
186 解的宇宙的神秘的赞美诗。这种赞美诗的价值与盛行于古代美索

不达米亚、后来又盛行于欧洲的古老的魔术仪式的价值完全一样。残留下来的文献中最早的一个片断是巴比伦占星术士呈递给国王的关于放牛入原野的吉日的奏章。这些吉日是他观察星象而推算出来的。按照流行的科学哲学，观察、理论和实践的这种神秘关系也正是现代生活中科学的现状。

空的空间的概念、空间的相互联系的纯粹的媒介，在现代科学中已经抛弃了。整个空间宇宙是一个力场。换言之，是一个不断活动的场。物理学的数学公式表现了这种活动中所实现的数学关系。

作为物理特性的自身同一的支撑者的一块块物质的消灭是一个意外的结果。起初，在整个十九世纪，物质的概念是广袤的东西，空的空间被设想为充满着以太。这种以太不外是原来的常识概念中的普通物质，具有胶状物的特性以及它的连续性、它的内聚性，它的柔顺性和它的惯性。从而这种常识的普通物质只不过是相当于以太中的某些特别的缠结，也就是以太中的结节。这些缠结在整个空间中相当稀少，它们使整个类似胶状物的以太中具有压力和张 187
力。普通物质的震动也通过以太而传递为压力和张力的震动。通过这种方式，现在结合成为一门关于以太的科学的关于光、热、电和能的各种不同理论，就达到了一种广泛的统一。在整个十九世纪，有一群杰出的法国、德国、荷兰、斯堪的纳维亚各国、英国和意大利的物理学家和数学家，循序渐进地精心研究了这种理论。关于他们的工作的详细情况以及各自有关的贡献不是这里所要谈的。

最后的结果是：以太的活动与常识的分析认为是普通物质所具有的任何方式的活动都大不相同。如果关于以太的理论是正确的，那我们关于物质的通常概念就是来自遮蔽了以太活动的真实

本性的一定平均结果的观察。在今天的物理学中达到顶点的新近
的革命仅仅是把十九世纪科学的这种倾向推进了一步。它的教训
是：人类根据感性知觉而获得的广泛的概括是极其肤浅的。由于
188 我们坚持不懈地去理解世界，我们就抛弃了所有这些明显的观念。
物质已与能同一起来，而能是一种纯粹的活动。就任一基本的记
述而论，由自身同一的一块块物质的持续所构成的被动的基质已
被抛弃了。这种概念显然表现了一个重要的派生的事实。但是它
已不再是理论的预定基础。现代观点是用能、活动以及时空的波
动微分法的名词来表达的。任何局部的震动都会动摇整个宇宙。
距离的作用虽小，但却存在。物质的概念预先假定着简单的位置。
每一块物质都是自身包含的，都处于一个具有一种被动的、静止的
空间关系之网的部位中，都缠绕于一个无限和永恒的统一的关系
体系之中。但是，根据现代概念，我们称之为物质的缠绕群已融入
其环境中。分离的、自身包含的局部的存在是不可能有的。环境
关系到每一事物的本性。在有一整套震动的自然界中，当这些震
动通过变化的环境而受到推动时，某些因素可能保持稳定。但是
189 这种稳定性不过是一种一般的、平均的状况。这种平均事实说明
我们为什么发现持续于若干时代，或者几个世纪，或者几千百万年
的同样的椅子、同样的岩石以及同样的植物。因此在这种平均事
实中，时间因素是持续方面，而变化则是一个细节。按照今天的物
理学，基本的事实是：环境及其特性渗于我们称之为物质的震动群
中，而震动群又把它们的性质扩及于环境。其实，关于自身包含的
物质粒子，即在其局部的场所中自身完善的物质粒子概念是一种
抽象。既然抽象不外是对于部分真理的省略，因此如果由抽象得

出的结论没有为省略的真理所推翻，那么这种抽象就是有根据的。

由现代物理学出发所作的一般演绎，推翻了许多由将物理学运用于其他科学（如生理学，甚至物理学本身）所得出的结论。例如，当发生论者把基因设想为遗传的决定因素时，情况就是这样。旧的物质概念的相似往往使他们忽视了特殊的身体的影响，而基因是在特殊的身体中发生作用的。他们假定，某一种物质小球在一切方面保持自身同一，而不管其环境有什么变化。就现代物理学而论，任何特征都可能或者不可能影响基因的变化。这些变化 190 在一些方面是重要的，虽然在另一些方面不重要。因此，就特征的遗传来说，仅仅从基因学说不可能得出先天的结论。事实上，生理学家们最近已经发现基因在某些方面为它们的环境所改变。即使当旧的常识的观点本身已作为一种基本记述而被抛弃的时候，这种观点的假定仍然存在。

比较古老的学说的一些片断之幸存也为时空这个名词的现代运用所确证。空间及空间几何的概念与物体及空间中的单纯位置的概念是完全一致的。这样一块物质就被设想为自身完善的东西，占有它所占据的部位的单纯位置。它所在的地方就是它在那个部位中所在的地方。在描述它时，毋需提及任何其他空间部位的活动。空的空间是物体间的被动的几何关系的基质。这些关系是一些单纯的、静止的事实，不会引起本质上是必然的后果。例如牛顿的引力定律表达了运动的变化，而运动是与物体彼此间的空 191 间关系相联的。但是这条引力定律并不是出于牛顿派的质量概念加空间占据概念，再加欧几里得几何。这些概念不管是单独地还是结合着，都不能给引力定律提供丝毫的保证。无论是阿基米德或伽利略，都未能因痴迷于这些概念而提出关于引力定律的任何猜测。根据这个理论，空间乃是自然界大量无所不在的被动关系的基质。它制约着一切能动的关系，但它并不需要这些关系。

新的观点完全不同。基本概念是活动和过程。自然界是可以分割的，从而是有广袤的。但是，由于任何分割都包含了某些活动而排除了另一些活动，因此它也把越出一切界限之外的过程的模式分割开了。数学公式表明这样的模式有逻辑上的完整性，而这种完整性为界限所破坏。例如，一段波的一半只能说出情节的一半。自身完善的隔绝概念在现代物理学中没有得到确定。在有限的部位内没有真正自身包含的活动。被动地占有部位的基质之间的这些被动的几何关系已经消失。**自然界**是各种活动的相互关系的舞台。一切事物、活动以及活动之间的相互关系都是变化的。
192 对于这些新概念来说，空间及被动的、系统的、几何学的相互关系是完全不适用的。新的物理学已把一切物理学的定律简约为几何学的命题这个流行的看法是极其荒谬的。恰恰相反，新的物理学取消了亚里士多德的形式行列概念，代之以过程形式概念。因此它消灭了空间和物质，而代之以复杂活动状态中的内部关系的研究。在一般意义上，这种复杂的状态是一个统一体，在此物理活动的整个宇宙伸及遥远的星团。在另一种意义上，这种复杂的状态可以分割为部分。我们可以追索一群选定的活动范围之内的相互关系，而撇开其他活动。如果运用这种抽象，我们就不能解释那些受到撇开了的外部体系变化的影响的内部活动。此外，在任何根本性的意义上，我们也不能理解存留活动，因为这些活动以相对不变的有秩序的环境为转移。

在关于自然界的一切讨论中，我们必须记住尺度的区别，特别
是时间间隔的区别。我们往往把人体的可观察的活动方式当作绝 193
对的尺度。把由观察所得的结论引申到限制着观察的量值尺度以
外，这是极其轻率的。例如，指出一秒钟内没有明显的变化一点也
没有说明一千年内的变化。同样，一千年内没有明显的变化一点
也没有说明亿万年的变化。我们可以无限地扩大这个级数。量值
的绝对标准是不存在的。在这一级数中，任何一级较之其前面的
一级为大，较之其后面的一级为小。

其次，一切专门科学都预先假定了事物的一定基本模式。我
在这里是就“事物”一词的最一般的意义来使用这个词的。它可以
包括活动、颜色和其他感性材料以及价值。在这种意义上，“事物”
就是我们所能谈及的任何东西。一门科学所研究的是事物的多种
多样的类型中的某一类有限的事物。因此，第一，类型是多种多样
的，第二，在某一指定的条件下呈现何种类型是确定的。例如，“这
是绿的”是一个单称命题，“所有的事物都是绿的”是一个较一般的
命题。这种研究方法是传统的亚里士多德**逻辑**所注重的方法。在 194
任何科学的开创阶段，这种研究无疑是必不可少的。但是，任何一
门科学都力图越出这个阶段。遗憾的是，两千多年来的哲学思想
都受到以亚里士多德**逻辑**为基础的方法的支配。由于这种方法，
大家都企图把各类专门科学结合成为一门对宇宙作出某种解释的
宇宙论。由于不自觉地重新把亚里士多德的形式当作是唯一的表
达方式，所有这些企图都落空了。哲学的弊病在于指望以“某些 S
是 P”或“所有 S 都是 P”的形式来表达。

回头来谈专门科学。第三步是力求获得量的规定。这个阶段

的典型问题是:“有多少 P 包含于 S”和“有多少 S 是 P”？换言之，引入了数、量和度。如果天真地来对待这些概念，那可能会像过分相信亚里士多德的命题形式那样使人误入歧途。

科学发展的第四阶段是模式(pattern)概念的引入。如果不
195 注意这个模式概念，那我们对自然界的理解就会是极其肤浅的。例如，假定有一团碳原子和氧原子，并且假定已知的氧原子的数目和碳原子的数目，只要模式问题还没有解决，那混合物的性质仍属未知。在此有多少游离的氧呢？有多少游离的碳呢？有多少一氧化碳呢？有多少二氧化碳呢？对于这些问题中的某些问题的回答以及所假定的氧和碳的总量，将决定其余问题的回答。但是，即使考虑到这种相互规定，由某种适量的碳和氧合成的混合物仍有大量其他模式。即使纯粹的化学模式设定了，包容部位内的化学物质的分配仍然有无限的部位模式。因此，除了有关量的一切问题外，还存在模式问题，这些问题是了解自然界所必不可少的。如果没有一个预先假定的模式，量什么也不会规定。其实量本身不外是类似的模式之内的函数的类比。

这个包含了纯粹化学混合物、化学化合以及容器的不同次部
196 位中不同物质的隔离的例子也告诉我们，模式概念包含了不同的结合方式概念。这显然是一个一旦我们从各种不同类型的基本事物的概念出发时便应当立刻想到的基本概念。所有这些基本概念的危险，在于我们往往不自觉地采用它们。每当我们自问某个问题时，我们经常发觉我们就是假定一定类型的被包含的实有，我们就是假定这些实有的一定的结合方式，我们甚至也假定一定的广泛流行的模式通则。我们所注意的是模式的细则以及尺度的比例

量。因此，自然规律仅仅是普遍的行为模式(all-pervading pattern of behaviour)。至于行为的改变或中断则不在我们的注意范围之内。其次，任何一门科学的论题都是从自然界的丰富的具体事件中得出的一种抽象。但是，任何抽象都忽略了省略的因素并存于存留的因素之中。因此，对于单一的模式，如果是以某一门专门科学的抽象为限的角度来识别，那当我们考虑它与忽略的宇宙发生关系的可能性时，它就会把自己变成无限多的模式中的次要因素。即使在专门科学的范围内，我们也可发觉不是根据专门科学的名词来解释的多种多样的作用。但是，如果我们考虑到所谈到的模式的更广泛的关系的多样性，那这些多种多样的作用就可以得到解释。 197

自然科学的许多头面人物今天的态度就是激烈地否定这里所提出的一些看法。在我看来，他们的态度乃是无根据的信仰的一个可悲的例子。如果我们想到他们关于自然科学独立的主张是以一个现已废弃的关于自然界的概念为根基，那这种判断就会更加有力。

最后，我们还剩下一个尚未讨论的基本问题。什么是应当据以来理解宇宙过程的那些事物的主要类型？假定我们同意科学探索所发现的**自然界**仅仅是活动和过程，这意味着什么？这些活动彼此冲淡，它们产生了，接着又消失。正发生作用的是什么？受影响的是什么？不可能说这些仅仅是九九表的公式(用一个大哲学家的话来说)，仅仅是一种关于范畴的没有生气的跳跃。**自然界**充满着生命力。实在事实在不断产生。应当把**科学**所研究的**自然界**看作是实在宇宙的实在事实之间的更稳定的相互关系的一种复合。

本讲以处于一种抽象之下的**自然界**为限，在这种抽象中，撇 198
开了一切有关生命的东西。由于这种抽象，就使**动力学**、**物理学**和

化学成了这样的科学，它们指导我们从十六世纪的纯粹常识概念逐步过渡到当代理论物理学所提出的自然界概念。

统治了四个世纪的观点的这种变化可以表述为从当作基本概念的**空间**和**物质**到**过程**的转化。而过程则被当作活动及其各种不同因素之间的内部关系的复合。这种较旧的观点使我们能够撇开变化，并且撇开任何时间的绵延而设想**某一瞬间**的自然界的全部复杂性，至于自然界的内部关系的特点则纯粹按物质在空间中的同时分布来表达。按照牛顿派的观点，由此略去的是在比邻的瞬间的分布的变化。但是按照这种观点，这些变化显然与物质宇宙所考虑的瞬间的实在性无关。运动以及相关分布的变化是偶然的，而不是本质的。

持续也同样是偶然的。按照这种观点，**自然界**在某一瞬间总
199 是实在的，不管自然界在任何另一瞬间是否存在，甚至也不管是否存在另一瞬间。与伽利略和牛顿共同建立牛顿派最后观点的笛卡尔就接受了这种结论，因为他把持续解释为每一瞬间的不断重新创造。于是在他看来，应当在瞬间中而不应当在持续中来考察事实。在他看来，持续不过是一种瞬间事实的连续。笛卡尔的宇宙论有另外一些方面，它们可能使他非常注重运动。他关于广袤和旋涡的理论就是一例。但是，他事实上通过预测得出了与牛顿派概念相适应的结论。

在牛顿派的宇宙论中有一个致命的矛盾。它只承认一种占据空间的方式，即一块物质在这一不绵延的瞬间占有这一部位。空间的这种占据是最后的实在事实。它无关于任何别的瞬间，或者任何别的物质，或者别的空间部位。我们现在采取牛顿派的理论，同时间，在某一瞬间速度的结果怎样？我们再问，在某一瞬间动量的结果怎样？这些概念是牛顿物理学的根本概念，但是它们对它却没有任何意义。速度和动量需要这样的概念：事物在别的时间和别的地点的状态关系到在任何选定的瞬间内物质的空间占据的 200
根本特征。但是牛顿派的概念不容许对占据关系作这样的变更。因此，宇宙论的架构就必然是不彻底的。玩弄微分的数学手段无助于克服这种困难。我们当然可以用数学名词来表示存在争论之处。牛顿派的占据概念相应于某一选择点的某一函数值。但是牛顿物理学所要求的纯粹是那一点的函数的极限。牛顿派的宇宙论也并没有暗示出为什么作为价值的纯粹事实应当被作为极限的其他时间和地点的参照者所代替。

从现代观点看，过程、活动以及变化都是事实。在一瞬间是什么都没有的。每一瞬间都仅仅是一种组成事实的途径，这样，既然没有被设想为简单的基本实有的瞬间，所以就没有某一瞬间的自然界。这样，事实的所有相互关系按其本质说都一定包含了转化，所有实现都包含了创进(creative advance)中的蕴涵。

这一讲所讨论的只能算是回答下面根本性问题的尝试的序言，这个问题是：我们对纯粹活动概念补充了什么内容？是为了什么、产生什么的活动？是涉及什么的活动？ 201

下一讲将引入生命概念，因此将会使我们得以更具体地、而不是抽象地来认识**自然界**。

202 # 第八讲　有生命的自然界

生命在上面一讲中所界定的自然界中的地位既是现代哲学的问题，也是科学的问题。它的确是一切体系化的思想倾向（人道主义的、自然主义的、哲学的）汇合的中心点。生命的真正意义是有疑问的。我们要理解生命也应理解它在世界中的地位。然而它的本质和它的地位都一样使人困惑。

这个结论与我们关于撇开了生命概念来考虑的自然界的结论归根到底并非大不相同。我们剩下的是关于其中什么也没有引起的活动概念。如此考察的这种活动也没有显示它们本身的连贯的基础。存在的仅仅是一个连续公式。但是并不存在为这种连续公式提供理由的可理解的因果关系。使自己完全满足于一种终极的非理性的状
203 态当然总是可能的。流行的实证主义哲学就采取了这种态度。

这种实证主义的弱点在于我们大家都欢迎的那种孤立片面的解释方法，这是我们现阶段文明所达到的。假定十万年以前我们的祖先是聪明的实证主义者，他们不会去探究理由，他们所观察到的是纯粹的事实。这种事实的发展没有必然性。他们不会探究作为直接观察到的事实的基础的理由。文明从未得到发展。我们对世界作详细观察的各种不同能力仍然处于潜在状态。因为一种理由的特性在于它的结论的理智的发挥暗示着超出已经观察过的论题的结论。观察的扩大期待着对合乎理性的联系具有某种程度的朦

胧的领悟。例如，对于花卉上的昆虫的观察朦胧地暗示着昆虫的本性和花的本性之间的某种一致，从而导致一种整个科学部门由之而发展的充分的观察。但是，一个坚定的实证主义者势必满足于观察到的事实，即采花的昆虫。这是一种使人着迷的简单性的事实。按照实证主义者的理论，没有什么需要进一步追问了。现在科学的世界受到了头脑糊涂的实证主义的激烈攻击。它任意运用科学的理 204
论，又任意规避这种理论。关于自然界中的生命的整个理论都受到了这种实证主义的毒害。有人告诉我们说，存在着用物理学公式和化学公式描述的常规，而在自然界的过程中则别无所有。

这种信条的根源是在欧洲思想中逐渐发展起来的关于精神和自然界的二元论。在近代发端之际，笛卡尔极其明白地表述了这种二元论。在他看来，存在着与空间关系相联的物质实体，还存在精神实体。精神实体处于物质实体之外。任何一种实体，就其本质的完成而言都不需要另一种实体。它们的未加解释的相互关系对它们各自的存在不是必要的。其实，这种按照精神和物质来对问题作出表述的方法是不妥当的。它忽略了较低级的生命形式，如植物和低等动物。这些形式中的最高者接近人类精神，最低者接近无机界。

自然界和生命之间的这种截然分割使全部往后的哲学都受到了损害。甚至当自然界和生命这两种类型的现实事物的并行存在已被抛弃时，在大多数近代思想派别中，二者仍然没有真正融合。205
在某些派别看来，自然界不过是纯粹外表，精神是唯一的实在。在另一些派别看来，物质自然界是唯一实在，精神是一种派生现象。在此，“纯粹外表”和“派生现象”显然蕴含着它们对理解事物的终

极性质并不重要。

我所主张的理论是:如果我们不把自然界和生命融合在一起,当作“真正实在”的事物结构中的根本要素,那二者一样是不可理解的;而“真正实在”的事物的相互联系以及它们各自的特征构成了宇宙。

作为论证的第一步,必须形成关于生命能有何种意义的概念。此外,我们要求用自然界和生命的融合来弥补我们关于物质自然界的概念中的缺陷。另一方面,我们还要求生命概念包含自然界概念。

作为一个初步的概述,生命概念蕴含着自我享受的某种确定的绝对性。这必然意味着某种确定的直接的个体性。后者是一种把许多材料纳入一个存在统一体中的复合过程。这些材料是自然界的物理过程作为相关的东西而呈现出来的。生命蕴含着由这个
206 纳入过程产生的绝对的、个体的自我享受。我在我最近的著作中用“领悟”(prehension)一词来表示这种纳入过程。我还把每一个体的直接享受行为称为一种“经验情境”(occasion of experience)。我认为这种存在的统一体、这种经验的情境是真正实在的事物,后者以其集合的统一体构成了永远处于创进中的进化的宇宙。

但是,这些是对问题作进一步讨论的引论。作为一种初步的概述,我们已经把生命看作是蕴含着某一纳入过程的绝对的、个体的自我享受。纳入的材料是由宇宙的先前的活动所提供的。因此,经验情境就其直接的自我享受来说是绝对的。它如何处理它的材料,这是应当不涉及任何别的并存的情境来理解的。因此,就情境的内部过程来说,它为了存在并不需要同时的过程。在自我

调节(self-adjustment)的内在过程中，这种相互独立性事实上是同时性的界定。

这一自我享受的概念并没有穷尽在此称为“生命”过程的那一方面。由于过程是可理解的，它就包含了属于每一情境的真正本 207
质的一种创造活动的概念。这是把宇宙中的要素引出来使之成为现实存在的过程，而这些因素在这一过程以前仅仅是以未实现的潜在的东西的方式而存在的。自我创造的过程是由潜能到现实的转化，而这种转化的事实则包含了自我享受的直接性。

因此，为了理解生命在某一经验情境中的功能，我们必须区别先行世界所呈现的现实材料、亟待促使这些材料融合起来而成为新的经验统一体的未实现的潜在的东西，以及属于这些材料与这些潜在的东西的创造性融合的直接的自我享受。这就是创进理论。按照这种理论，生命之向未来转化属于宇宙的本质。把自然界看作是一种静止的事实，即使是在没有绵延的某一瞬间也是荒谬的。离开转化就没有自然界，离开时间的绵延就没有转化。这就是为什么关于某一瞬间的时间概念如果被看作是一种第一性的简单事实，就是荒谬的。

但是，至此我们还没有穷尽对于理解自然界极关重要的创造概念。我们必须在我们关于生活的描述上还加上另一种特征。这个被忽略的特征是“目的”。在此“目的”一词的意思是排除无边无际的其他潜在的东西，包容一种确定的新要素。这种新要素构成 208
把这些材料纳入那种统一化过程中的选择好的方式。这种目的就在于达到以那种方式享受这些材料的感受的那种复合。“那种享受方式”是从无边无际的其他方法中选定的。之所以选择它，是为

了在那个过程中变成现实。

因此，生命的特征是绝对的自我享受、创造活动和目的。在此，“目的”显然包含了接受纯粹理想的东西，使之成为创造过程的指导。享受也属于过程，而不是任何一种静止的结果的特征。目的就是达到属于这种过程的享受。

这里马上就产生了一个问题：自然界中的生命这种要素，就上面所解释的说，是否与我们在自然界中所观察的某种东西相适应。所有的哲学都是为对于观察的事物获得一种首尾一贯的理解而作的努力。所以它们的发展就沿着两条道路。一条要求一种有条有理的首尾一贯，另一条则是说明所观察的事物。因此，我们的首要任务是将上面关于自然界中的生命的理论与我们直接观察所得的材料进行比较。

209 毫无疑问，在我们的自觉经验中，最为突出的那些观察所得的材料是感性知觉。视觉、听觉、味觉、嗅觉、触觉大体上就是通过感官获得的几种主要知觉方式。但是，存在着一套不确定的模糊的身体感受，它们构成具有一些忽然显得突出的项目的感受的基础。感性知觉的特性在于它的二重性，即部分与身体相关，部分与身体无关。就视觉来说，与身体不相关是最明显不过了。我们观看景色、一幅画或者一辆正在行驶的小汽车，就宛如加于我们的精神愉快和精神忧虑之上的外部表象。只要打开眼帘，这种表象就存在。不过，在反省中，我们将我们眼见到的作为经验的基础的东西抽了出来。在知觉的瞬间，通常没有清楚地意识到这一点。身体的关联看不见了，可见的表象成了最显著的东西。在其他感觉方式下，身体较为突出。在这方面，不同的方式的差异是很大的。在关于从感性知觉所得的信息的任何理论中，对这种二重关联(外在的关联和身体的关联)都应当牢记在心。现行的一些哲学理论大都源于休谟。由于它们忽视了身体的关联，它们是有缺点的。它们的弊病在于从一种自以为清晰的知觉方式推出一种明晰的理论。其 210
实，我们的感性知觉是一种极其模糊而混乱的经验方式。同时，有充分的证据表明，它们的外部关联的突出方面，就其对于宇宙的暴露而言，是非常肤浅的。这一点很重要。比如说，从实用上讲，一块路基石是一个坚硬的、固态的、静止的、不可移易的事实。这是感性知觉凭其明晰的方面所发觉的。但是，如果自然科学正确，那这种解释是对于我们称之为路基石的宇宙的那个部分的一种非常肤浅的解释。近代自然科学是持续了三个多世纪的理解**自然界**的活动的一种协同的努力的结果，感性知觉的转化是由于这种活动而发生的。

现在有两个结论非常清楚。一个结论是：感性知觉忽略了自然界的基本活动的任何区别。考虑一下由视觉和或触觉所感知到的路基石和物理学家所描述的路基石的分子活动之间的区别，就可以知道这一点。第二个结论是：科学未能赋予其活动的公式以任何意义。自然界的公式之背离自然界的外表，使公式失去了任何说明的特征。它甚至使我们没有理由相信过去提供了展望未来
的任何证据。事实上，如果以为科学仅仅依赖感性知觉，而没有别 211
的观察的源泉，那就科学的自身完善的要求而言，它就破产了。

科学不能在自然界中发现个体的享受；科学在自然界中不能发现目的；科学在自然界中不能发现创造性；它所发现的仅仅是一些连续的规则。这些否定对于**自然科学**是正确的，它们是自然科

学的方法论所固有的。**自然科学**的这种无知的原因，在于这种科学仅仅研究人类经验所提供的一半证据。它把这件无缝上衣分割开了。或者把这个比喻说得更恰当一些，它检查了作为外表的东西的上衣，却忽略了作为基础的东西的身体。

在欧洲思想中，由笛卡尔所确定下来的身心的这种灾难性的分裂，是造成科学的这种无知的原因。从一种意义上说，大约在十代人的时期内，抽象是一件值得肯定的事，因为它使最单纯的事物首先得到考虑。现在这些最单纯的事物是指自然界的这样一些普遍习性，它们支配着在我们最遥远、最笼统的观察下的宇宙的整个领域。这些**自然规律**中没有一个为必然性提供丝毫证明。它们是

212 一些在我们的观察尺度内的确占支配地位的一些常规方式。我指的是宇宙的广延性是有维的、空间是三维等事实以及空间几何定律，物理事件的终极公式。这些常规方式中任何一个都没有必然性。它们是作为平均的、调节的条件而存在的，因为大多数现实事物彼此把对方推向举例说明这些定律的相互联系的方式。新的自我表达方式可能获得根据，这点我们不能说什么。但是，根据种种类比来判断，在存在了充分的时间以后，我们现在的定律会逐渐变得无关重要。新的兴趣会起支配作用。我们现在所了解的空间物理纪元会变成过去的一种背景。它会模糊地制约一切事物，而对于显著的关系的决定不发生明显的影响。

这些现在起作用的范围广阔的规律是无机界的一般物理规律。在一定的观察尺度下它们具有普遍性，不会遇到阻碍。恒星的形成，行星的运动，地球上地质的变化，似乎都伴随有一种范围广阔的推动力，后者排除了由其他推动力引起变更的任何暗示。

在这个限度内，科学所依靠的感性知觉没有在自然界中发现目的。

但是，如果说人类一般观察（其中感性知觉仅仅是一个要素） 213
不能发现目的，那也不对。情况恰恰相反，对人类社会活动的一切解释都把“目的”作为解释中的一个本质性因素而包含在内。例如，在一个证据为间接证据的案件中，动机的证明是起诉的一个主要凭据。在这样一个案件中，被告是否会用如下一个理论呢？即：目的并不能躯使身体运动，因盗窃行为而对盗窃起诉，就像太阳升起而对太阳起诉一样。其次，任何一个政治家，如果不对分别流行于不同国家中和这些国家的政治家中的各种爱国主义作某些估计（不管他是否明确意识到），那他就不能处理国际关系。一条迷途之犬可能试图找到它的主人或者试图找到回家之路。事实上，我们明白地意识到我们的目的是我们的行动的指导。没有这种指导，在任何意义上都没有什么理论可以起作用。精神上所接受的观念对于身体的活动不会有什么影响。因此，不管这些观念是否被采纳，一切发生的东西都会完全没有什么差别地照样发生。

科学的推理完全为如下预先作出的假定所制约，即精神活动 214
并不真正是自然界的部分。因此它完全撇开这样一些精神上的先行因素，人类惯常设想这些先行因素对指导宇宙论意义上的各种活动有效。作为一种方法，这种方法是很有理由的，只要我们了解到其中有局限性。这些局限性既是明确的，又是没有被界定的。一步步地把它们的界定推导出来乃是哲学的希望。

我要强调的几点是：第一，在我们的根本性的观察中，精神和自然界的这种截然分裂是没有根据的。我们发现自己生活于自然界中。第二，我们得出结论：我们应当把精神作用看作是属于构成自然界的因素。第三，我们应当排斥自然过程中没有根据的轮转观念。每一出现的因素都引起一种区别，这种区别只能依据这个因素的特殊性质来表达。第四，我们现在的任务是对自然界的因素加以界定，以便了解显相在决定其后的自然过程中有怎样的作用。

自然界的显相大致可以分为六种类型。第一种类型是人的存
215 在，即身体和精神。第二种类型包括各种动物，即昆虫、脊椎动物
以及其他种类的动物。实际上就是人以外的所有各种各样的动
物。第三种类型包括一切植物。第四种类型由单细胞生物构成。
第五种类型由各种大体积的无机组合构成。这种体积可以与动物
的身体的大小相比，或者更大。第六种类型由现代物理学的微观
分析所发现的体积极小的显相所组成。

自然界的所有功能活动相互影响、相互要求、相互转化。上面这个分类有意作得粗略。一点也不自以为有科学性。严密的科学分类对于科学方法极为重要，但它们对于哲学则反而危险。这种分类隐蔽了自然界的存在的不同方式彼此重叠这个道理。存在着具有中心指导的细胞组织的动物生命，存在着具有有机细胞群的植物生命，存在着具有有机分子群的细胞生命，存在着被动地接受来自空间关系的必然性的大范围的无机分子组织，存在着丧失了大范围的无机界的被动性的一切痕迹的次分子活动。

在这种考察中得出了一些主要结论。第一个结论是关于不同
的组织方式所引起的不同的功能活动方式。第二个结论是关于这
216 些不同方式的连续性方面。存在着作为间隙的桥梁的两可之间的
情况。这种两可之间的情况往往是不稳定的、转瞬即逝的。但是，
存在的时间短促仅仅是相对于我们人类生命的特点而言。对于次

分子显相来说，一秒钟也是一个很长的时期。第三个结论是关于随着我们改变观察的范围而发生的自然界方面的差别。每一观察的范围都为我们提供了这一范围所特有的平均的结果。

另外产生了一个问题：我们怎样观察自然界呢？还有，什么是对于一种观察的正确分析？一般人对这个问题的回答是：我们通过我们的感官来感知自然界。在分析感性知觉的时候，我们往往也偏重于它的最清晰的方面，即视觉。而视觉是进化的最后产物，它属于高等动物，即属于脊椎动物和较为高等的昆虫。有无数生物没有证据说明它们具有视觉。但是它们显示出来以生物特有的方式来适应它们的环境的种种征象。双眼紧闭或者不幸失明，人类也很容易失去视觉。由视觉提供的知识极其皮毛，即限于显露一些有色的 217
外部部位，各种颜色没有必然的转化，各个部位没有必然的选择。各种颜色的显露也并不必然相互调和。任一瞬间的视觉都仅仅提供关于颜色各不相同的部位这一被动的事实。要是我们有记忆力，我们就能观察到颜色的转化。但是，纯粹有色的部位没有任何内在的东西。这些东西提供了某种关于内部活动的线索，凭借这种线索，就可以理解变化。我们关于被动的物质实体的某种空间分布的概念，正是起源于这种经验。这样，自然界就被描绘为由一块块没有内在价值而仅仅掠过空间的空虚的物质构成的。

不过，有两个关于这种经验的附带问题，它使我们按经验的外表价值而把它当作事物的形而上学本性的直接揭露这点发生怀疑。首先，即使在视觉经验中，我们也会发觉身体的干预。我们清楚地知道我们是用**我们的眼睛**来看的。这是一种模糊的感受，但它极其重要。其次，每一种严格的实验都证明，我们看见什么以及

我们在何处看见什么，都完全以我们的身体的生理功能活动为转
218 移。任何以特定的方式使我们的身体内在地发挥功能的方法都会
向我们提供一种特定的视觉。身体对离它的视觉材料所及的地方
不远的自然界中的事件完全不发生影响。

所有其他感觉方式也是这样，不过是有过之而无不及。一切感性知觉都不过是我们的感性经验对身体活动的依赖的一种结果。因此，如果我们想了解我们个人的经验与自然界的活动的关系，那恰当的办法就是考虑我们个人的经验对于我们个人的身体的依赖。

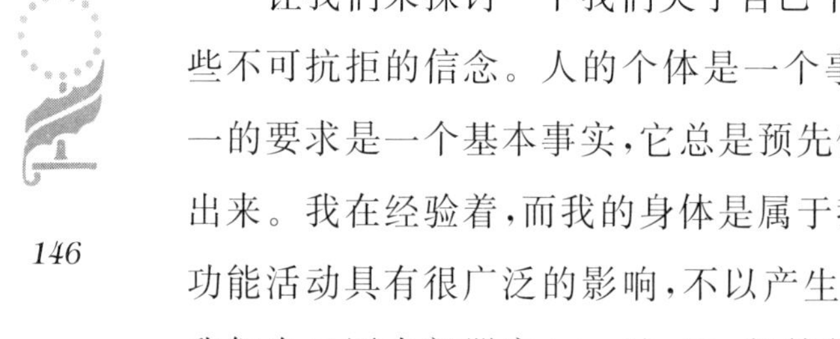

让我们来探讨一下我们关于自己个人的身体和精神关系的一
些不可抗拒的信念。人的个体是一个事实：身体和精神。这种统
一的要求是一个基本事实，它总是预先假定了，但很少明白地表达
出来。我在经验着，而我的身体是属于我的。第二，我们的身体的
功能活动具有很广泛的影响，不以产生感性经验为限。我们发觉
我们自己因内部器官（心、肺、肠、肾等等）健康地执行其功能而健
康地享受生命。这种情感的产生正是这种因为这些器官并不提供
任何直接与它们本身相关联的感性材料。甚至就视觉来说，我们
219 欣赏我们的视力是因为我们没有眼病。同样，我们之欣赏我们的
生活的一般状况，是因为我们没有胃病。但我坚决认为，对于健康
的欣赏，不管好坏如何，乃是一种肯定的感受，仅仅偶尔与特殊的
感性材料相关。例如，虽然我们看到的是一幅蹩脚的画，或一幢粗
陋的建筑物，而我们仍然可以欣赏自己的视力的运用自如。这种
由身体派生情感的直接感受是我们的基本经验之一。有各种各样
的情感，但是每一种情感都至少会因派生于身体而受到限制。详

细地分析身体的功能活动方式是生理学家的事。对于哲学来说，一个最基本的事实是：心理经验的整个复合体不是派生于这种功能活动，便是受到这些活动的限制。我们的基本感受也是这种派生于身体的感觉，它使我们有身体和精神统一的要求。

但是我们的直接经验也要求从另一源泉派生，并同样要求以另一派生的源泉为基础的统一性。这第二个源泉便是先于我们当下的意识的经验不远的我们自己的情感状态。顷刻之前，我们尚在怀抱某些观念，我们尚感受到某种愉快的情绪，我们尚在对外部事实作某些观察。我们现在的精神状态继续以前的精神状态。220
“继续”一词只说了事实的一半。在一定意义上它太不充分了，在另一种意义上它又过头了。其所以太不充分了，是因为我们不仅仅是继续，我们还要求与我们以前的状态有绝对的同一性。正是处于这种精神状态中的我们完全同一的自我，理所当然地是我们顷刻之后的我们现在的经验的基础。在另一种意义上，“继续”一词又过头了。因为我们并不完全继续着我们先前的经验状态。一些新的因素已经掺进来。所有这些新的因素都是由我们的身体的功能活动所提供的。我们把这些新的经验因素与顷刻之前我们的精神状态所提供的基本经验材料糅合在一起。同时，正如我们已经承认的，我们肯定与我们的身体的同一性。因此我们现在的经验显露出它自己的本性具有两个来源，即身体和先前的精神活动。还可以肯定，我们与这两个来源中的每一个都有同一性。身体是我的，先前的经验也是我的。再者，我只有一个，既有身体，又有经验之流。我认为，这里存在着我们的全部实在存在以之为基础的最基本的信念。当我们存在时，身体和心灵是我们不可或缺的因

221 素。每一个因素具有我们此刻的自我的全部实在性。但是无论身体或心灵都没有我们一见就赋予它们的那种显而易见的界限。我们关于身体的知识把身体当作自然界的更广大领域内的发生的事件的一种复合统一体。但是它与自然界的其他部分的界限是极不清楚的。身体包含了亿万分子的协同活动。身体永远以无数方式失去分子而又获得分子，这是它的结构的本质。当我们以极其细心的态度来考虑这个问题的时候，就看不到身体始于何处、外部世界终于何处的明确界限。而且，身体可以失去全部肢体，而我们仍然可以肯定这个身体的同一性。在折断了的肢体中的细胞的生命活动也是慢慢地趋于消失的。事实上，与分子的内部震动的周期相比，肢体在脱离身体后的一段很长的时期内还是活着。撇开这种不幸的灾祸不论，身体还需要有生存的环境。因此，身体和环境就存在统一，正如身体和心灵统一才成为人一样。

但是，在考虑个人的同一性时，我们往往强调心灵而不强调身体。一个个人就是他自己的协同的绝对观念之流，这一经验之流
222 是我的生命线或你的生命线。它是一种这样的自我实现的连续，每一情境都有它对过去的直接记忆和它对未来的展望。这种对持续自我同一性的肯定就是我们对个人的同一性的自我肯定。

不过，当我们考察心灵的这个概念时，我们就会发觉它比我们给身体下的定义更加含糊。首先，心灵的连续性（就其与意识相关而言）必须越过时间的间隔。我们睡着或者昏迷，但是这同一个人又恢复意识。我们信任记忆，我们把我们的信任建立在自然界活动的连续性，特别是身体的连续性的基础上。这样，一般意义上说的自然界和特殊意义上说的身体都为个人的心灵的绵延提供了素

材。还有，在心灵的存在的连续情境中就会产生一种奇异程度不同的生动感。我们在整段时间内生活着，对外部显相作敏锐的观察，接着对外部的注意逐渐消失了，我们堕入沉思；深思中生动的表象逐渐减弱了，于是我们打盹，我们做梦，我们随着整个意识之流的流动而入睡。心灵的这些功能活动是歧异的、可变的、不连续
的。肯定心灵的统一性类似于肯定身体的统一性，也类似于肯定 223
身体和心灵的统一性，还类似于肯定身体与外部自然界的共同性。哲学思辨的任务就是这样来看待宇宙的一切事件，以便使自然科学的看法成为可以理解的看法，并且把这种看法同认识论必须据以建立的那些表达基本事实的直接信念结合起来。十八、十九世纪认识论的缺点在于它们纯粹是建立在对感性知觉的狭隘表述基础上。同时，它在各种形式的感觉中，把视觉经验选出来当作代表性的范例。结果势必排除构成我们经验的一切真正的基本因素。

在这样一种认识论中，我们远离了一个使一切都变得可理解的体系中的那些复杂的材料，后者是哲学思辨所必须加以说明的。让我们考察一下身体和心灵、身体和自然界、心灵和自然界这些共同体的类型，或身体存在的连续情境，或心灵存在吧！这些基本的相互联系都有一个非常显著的特点。我们要问，外部世界对于构成心灵的经验之流有什么作用。这个如此被经验的世界是这些经
验之内的一个基本事实。个人的心灵存在所固有的一切情感、目 224
的以及享受，都不外是心灵对于这个经验到的世界的反应，而这个世界乃是心灵存在的基础。

因此，在一定意义上，被经验到的世界是构成心灵的本质的许多因素的结构中一个复合因素。我们可以用世界在一种意义上处

于心灵中这种说法来扼要地表述这一点。

但是，存在一种与这条基本真理正相反的理论。即：我们对于世界的经验包含了心灵本身的显示，将其作为世界之内的构成部分之一。因此，对于作为一个关系因素的经验情境与作为另一个关系因素的被经验到的世界二者的关系，存在着二重性。在一种意义上，世界包含在这个情境之中，在另一种意义上，这个情境包含在世界之中。例如，我们在这个房间内，而这个房间是我现在的经验的一项。但是，我现在的经验正是现在的我。

然而，这种使人不能理解的反对关系扩及我们一直在讨论的一切关系上。例如，试考虑一下心灵的持续中的自我同一性。心灵无非是从出生到此刻的经验情境的连续。所以，在这一瞬间，我
225 就是包含了所有这些情境的完全的人。这些经验情境都是属于我的。另一方面，同样可以说，我此刻的直接的经验情境不过是构成我的心灵的情境之流中的一个情境。其次，对于我来说，世界无非是我的身体的各种功能活动如何将其呈现于我的经验前的东西。因此，世界完全要在这些活动之中来分辨。关于世界的知识无非是对于这些功能活动的分析。但是，另一方面，身体不过是世界的普遍组合中的功能活动的一种组合。我们要根据身体的组合来解释世界的组合，也要根据世界的一般活动来解释身体的组合。

这样，正如在我们的经验的基本本质中所揭示的，事物的集合性包含了某种相互内在的原理。世界的现实事物的这种共通性在某种意义上意味着每一事件是另一其他事件的性质中的一个因素。这归根到底是我们能够理解日常生活中常常使用的那些概念的唯一方法。试考虑一下我们关于“因果性”的概念。一个事件

如何能够成为另一事件的原因呢？首先，任何一个事件都不能是另一事件的全部的、唯一的原因。整个先前的世界一起才能引起一个新的情境，不过某一情境显著地决定了一个后起的情境的形成，我们怎样来理解这种决定过程呢？ 226

仅仅将一个性质加以转化这种想法是完全不能成立的。假定有两个显相实际上可能彼此对立，从而其中之一毋需涉及另一即可理解，那所有关于它们之间的因果关系的概念或者关于决定的概念就是不能成立的。按照这种假定，就没有理由说明为什么其一具有某种性质会发生影响，使另一具有这种性质或任何其他性质。按照这样一种理论，世界上的质的连续的作用和相互作用就会变成一种空泛的事实，从这种事实出发，不可能超出直接观察的范围得出关于过去、现在和未来的结论。这样一种实证主义的信念本身完全可以自圆其说，只要我们不使它包括对于未来的希望或对过去的悔恨。这样一来，科学便无关紧要了。努力也是愚蠢的，因为它什么也不会决定。关于因果关系的唯一可理解的理论是以内在性的学说为基础的。每一情境都预先假定先前世界在它自己的性质中起积极作用。正因为如此，事件彼此之间相对处于一定地位。也正因为如此，过去的质能(qualitative energies)会结合成为一种当前情境中的质能的模式。这就是因果关系的理论。 227
正因为如此，属于每一情境的本质的东西就是它所在的地方的所是。正因为如此，性质从一种情境转向另一种情境。正因为如此，自然规律有相对稳定性，某些规律适合于较大的范围，某些规律适用于较小的范围。正因为如此，正如我们已经指出的，当我们直接理解我们的周围世界时，我们会发现断言被观察的材料具有双重

统一性这种奇怪习惯。我们在世界之中，而世界又在我们之中。我们的直接情境在形成心灵的情境的组合中，而我们的心灵又在我们现在的情境中。身体是属于我们的，我们又是我们身体内的一种活动。这种观察的事实虽然笼统，但很切要。它是周围世界的连续性的基础，也是它的秩序的各种类型的传递的基础。

在这样考察我们的哲学宇宙论必须据以建立的观察材料时，我们便将自然科学的结论和那些支配着人类社会活动的习惯信念结合在一起了。这些信念还支配着文学、艺术和宗教中的人道主义。纯粹的存在绝不会进入人的意识之中，除非是作为思维中一
228 种抽象的模糊的界限。笛卡尔的“cogito ergo sum”被错误地译成“我思故我在”。我们所觉察到的东西绝不是赤裸裸的思维或者赤裸裸的存在。我们发现自己实质上是情感、享受、希望、恐惧、悔恨、对各种不可兼得东西的评价、决定的统一体。所有这些都是在我们的本性中活动的对环境的主观反应。我们的统一体（即笛卡尔的“我在”）就是我将杂乱的材料塑成首尾一贯的感受模式的过程。个人的享受就是我作为一种自然活动发生作用的东西。这时，我将环境的各种活动塑成了一种新的创造物，即此刻的自我，不过它作为我的自我是先前的世界的继续。如果我们强调环境的作用，这个过程便是因果关系。如果我强调我的活动的享受的直接模式的作用，这个过程便是自我创造。如果我强调概念预测未来（未来的存在是现在本性中的必然性）的作用，则这个过程便是目的论上对于未来的某种理想的目的。不过，这种目的实际上并不在现在的过程之外。因为对于未来的目的乃是现在的一种享受。因此它有效地决定了新的创造物的直接的自我创造。

我们现在可以再一次地来探讨一下上一讲末尾所提出的那个最后的问题。自然科学将自然界归结为活动，并且发现了在**自然界**的这些活动中解证的抽象的数学公式。但是，这个基本问题仍 229
然存在，那就是：我们怎样给赤裸裸的活动概念加上内容？只有将生命和自然界融合起来，才能回答这个问题。

我们首先必须把生命和精神作用区别开来。精神作用包括概念经验，它只是生命中一个可变的成分。在此称为“概念经验”的那种功能活动，便是采纳从某种纯粹物理实现中抽象出来的理想实现的那些可能性。概念经验的最明显的例子是采纳不可兼得的东西。生命处于这种精神作用的等级之下。生命就是源于过去、指向未来的情感享受。它就是对过去、现在和未来的情感享受。这种方向性的特征属于这种采纳的本质。

情感以两种方式超越现在的界限。它既承先，又启后。它被接受过来，它被享受，它时时刻刻在被传递下去。按照基督教贵格会(Quarker)对情境一词的解释，每一种情境都是一种有牵涉的活动。它是超越性和内在性的会合。情境通过感受和目的，与一些按其本质处于情境之外的事物发生牵涉，虽然这些事物按其现在的作用来说是与这些情境有牵涉的因素。因此，每一情境尽管 230
在从事它本身直接的自我实现，却仍然是与宇宙有牵涉的。

这个过程永远是一种因无数的供给渠道和无数的质的组织方式的缘故而发生变更的过程。作为现在的情境的统一性的情感的统一性，是一种模式化了的质的组织，它总是随着它之转向未来而发生变更。创造活动的目标是保持构成成分，保持强度。模式的变更、它之趋于消失都必须服从这个目标。

只要概念的精神性不受到阻碍,渗透环境的各个好的模式就会以传统的调整方式传递下去。在这里,我们发现了物理学家和化学家所研究的那些活动模式。在所有这些如此被研究的情境中,精神性都只是潜在的。在无机界中,就我们的分辨能力所及而论,任何不时出现的闪光都不是起作用的。发生作用的精神性的最低级阶段受到由物理模式承袭来的东西的支配,包含了无意识的理想目标所强调的隐约方向。较高级的生命形态的各种例子表
231 现出各种不同高度的精神性的活力。在动物的社会习性中,过去有过精神性的闪光的论据,但是这些闪光已退化为肉体的习性。最后,在更高级的哺乳动物特别是人类那里,我们具有经常活动的精神性的明显证据。按照我们自己的经验,我们所自觉地接受并且予以系统化的知识,只能是指这种直接观察到的精神作用。

我们采用来作为概念活动的对象的那些性质,就化学中所使用的催化剂一词的意义而言,具有催化剂的性质。它们改变审美的过程。由于这种过程,情境便由许多从过去得来的感觉之流构成自身。没有必要认为概念引入了可度量的别的能源。它们可以引入,因为能量守恒定律并不以精确无遗的量度为基础。但是,精神性的作用基本上应当看作是能流的转向。

在这几讲中,我们没有谈到体系化的形而上学宇宙论。这几讲的目的是指出这样一种宇宙论应当据以建立的那些我们经验中的因素。建立这种宇宙论所应由以出发的关键概念是:物理学中
232 所研究的有能量的活动就是生命中所采纳的情感的强度。

哲学是从惊异开始的。到最后,当哲学思维做了力所能及的一切以后,惊异仍然存在。不过对于事物的无限性增加了某些掌

握;对于情感,通过理解而作了某些澄清。但是在这样一些想法中仍存在着一种危险。人们往往用一种消极享受的蜕化形式来设想直接的善。存在是一种不断融入未来的活动。哲学理解的目的就是按照活动的超验作用来洞察活动的盲目性。

第四篇

结束语

第九讲　哲学的目的 233

就理性思维以及文明的评价方式能够对创造未来发生影响来说，大学的任务就是创造未来。未来孕育着成就和悲剧的一切可能性。

在这一创造活动的舞台上，哲学的特殊功能是什么呢？

为了回答这个问题，我们首先必须确定是什么东西构成某一特殊理论的哲学特征？什么东西使一种理论成为哲学理论？一种真理如果从它无限的关联上被透彻地理解了，那它一点也不比其他真理更是哲学真理。研究哲学是一种对全知加以否定的工作。

哲学是心灵对于无知地接受的理论的一种态度。所谓“无知地接受”，我的意思是说，没有就一种理论牵涉到的无限多的情况来理解这种理论的全部意义。

哲学的态度是坚定不移地试图去扩大对进入我们当前思想中 234
的一切概念的应用范围的理解。哲学试图逐字逐句地把握用文字表达的思维，并探究它有什么意义？哲学并不满足于一切有感觉的人都会回答的惯常的假定。如果人们满足于原始概念、原始命题，那他们就不再是哲学家。

为了进行探讨，人们当然必须从某个地方开始。但是当哲学家从他的前提出发来发议论的时候，他就已将它们逐字逐句地标记下来当作将来研究的课题。没有一个哲学家会满足于与有感觉的人取得一致，不问这些人是他的同事还是他先前的自我。他总是在突破有限性的界限。

科学家也致力于扩大知识。他从确定他的科学范围的一组原始观念以及这些观念之间的原始关系着手。例如牛顿动力学肯定了欧几里得空间、重物质、运动、张力与压力以及更一般的力的概
235 念。科学就是在假定这些观念适用的条件下演绎出结论。

在对待牛顿**动力学**上，科学家与哲学家彼此背向。科学家要探究结论，并力图考察这些结论在宇宙中的实现。哲学家要根据那些充斥于世的混乱的特征来探究这些观念的意义。

科学家和哲学家显然可以相互帮助。因为科学家往往需要新观念，哲学家通过研究科学结论而得的各种意义而受到启发。他们相互交流的通常方式就是共享教化思想的现行习惯。

有一种使哲学思想不断贫乏的被强调的假定。这是一种信念，一种非常自然的信念，即认为人类自觉地接受了所有可以运用于其经验的基本观念。而且它以为人类语言以单字或短语明确地表达了这些观念。我把这个预先作出的假定称为“**完善的辞典的谬误**”。

在这里，哲学家作为哲学家与学者不一致。学者借助辞典来
236 研究人类思维和人类成就。他是文明思想的主要支持者。一个人没有学识可以是一个有道德、有宗教信仰并且非常愉快的人，但他不是一个完全文明的人，他会缺乏非常精确的表达力。

哲学家显然需要学识，正如他需要科学一样。但是科学和学识都只是哲学的辅助工具。

“**完善的辞典的谬误**”把哲学家分成了两个学派，即摒弃思辨

哲学的"**批判学派**"和包含了思辨哲学的"**思辨学派**"。批判学派只在辞典的范围内作字句上的分析。思辨学派则利用直接洞察，并且力图进一步利用促进这种特殊洞察的情境来揭示这种洞察的意义。这样它就扩充了辞典。这两个学派之间的分歧是安全与冒险之间的争执。

批判学派的强有力的基础，在于进化论从来没有在任何本来意义上及于古代学识。因此就产生了对人心的特征有确定表述的假定。这种特征表述的蓝图就是辞典。

我请大家注意哲学史上的两个伟大时刻。苏格拉底以分析雅
典世界流行的假定度过了他的一生。他明确地承认他的哲学是对 237
于无知的一种态度。他是批判的，也是建设性的。

哈佛大学完全可以为约 30 年前哲学系的伟大时期骄傲。罗伊斯(Josiah Royce)、詹姆士(William James)、桑塔亚那(Santayana)、帕麦尔(George Herbert Palmer)、闵斯特贝尔格(Münsterberg)组成了一群值得骄傲的人物。在他们之中，帕麦尔的成就主要集中在文学以及他作为一个教师的声望上。这是一群个个都伟大的人物。但是作为一群人他们就更加伟大。这是一群冒险、思辨和寻求新观念的人。作为一个哲学家，就要对这群人的主要特征抱谦逊态度。

哲学的用途就是维护说明社会制度的基本观念的有实际作用的新东西。它使普遍接受的思想不再慢性地堕落为没有实际作用的俗套。如果谁想把哲学用话语表示出来，那它是神秘的。因为神秘主义就是直接洞察至今没有说出来的深奥的东西。但是哲学的目的是把神秘主义理性化：不是通过解释来取消它，而是引入有

新意的、在理性上协调的对其特征的表述。

238　哲学类似于诗。二者都力图表达我们名之曰文明的终极的良知，所涉及的都是形成字句的直接意义以外的东西。诗与韵律联姻，哲学则与数学结盟。

索　　引

（此处页码为英文本页码，即中译本的边码；“±”表示 ff，即所在页及以下）

七　画

八　画

九　画

十　画

十一画

十二画

十三画

十四画

十五画

十七画

译 者 后 记

怀特海的《思维方式》这部书稿的翻译我早在 1964 年就已完成了。记得拙译柏格森《形而上学导言》一书 1963 年在商务印书馆出版后，我曾想过是否能继续译点什么；编辑部的先生也问我是否还有这方面的兴趣，并寄来了怀特海的"*Modes of Thought*"一书让我试译。那时我正在全增嘏教授的指导下，以"现代外国资产阶级哲学批判"的名义，在复旦大学哲学系尝试开设现代西方哲学课程。全先生早年在哈佛求学时是怀特海的学生，对怀特海哲学知之甚详。他认为研究一下怀特海哲学对理解整个现代西方哲学的发展过程很是有益，而通过翻译怀特海本人的论著来理解怀特海不失为一种较为踏实的方式。于是我就同商务印书馆约定翻译此书。在翻译过程中遇到问题我一直得到全先生的指点，全书译成后还请他审校过。我根据当时自己对怀特海一知半解的认识写过一篇译序(《中译本序言：怀特海哲学评介》)，记得 1964 年我就将其与译稿一道寄给了商务印书馆。由于种种原因，特别是"四清运动"开始，正常的出版秩序被打乱，本书未能及时出版。接着就是十年动乱，被归属于反动哲学家之列的怀特海的书更难出版。我也很少再想到它。

十年动乱结束后，大致是在 70 年代末，我与商务印书馆编辑部的先生见面时谈起过这部书稿，他们表示要安排出版。因感到

60年代写的那篇译序基本上固守旧的简单否定的批判框架，显然已不合时宜，于是我取了回来，准备重写。以后的近20年，我既忙于教学，更忙于编写和修订《现代西方哲学》教材以及完成几项必须限期完成的国家和教育部的科研课题，还忙于一些社会工作，无暇顾及翻译。对怀特海也没有另作专门研究。上述的那篇《中译本序言》不仅未能重写，连原来的稿本也丢失了。商务印书馆也一直没有催问我。据我所知，他们有大量"文革"前的积稿待处理，我对自己的译稿未出并不奇怪，更不在乎。因此我同样没有主动与商务印书馆再谈及此事，甚至几乎没有再去想它。

一直到1997年，我意外地收到商务印书馆译作室张伯幼先生的来信。他告诉我他们在清理库存旧稿时发现了我的这部译稿，希望由我自己审读一遍，然后交他们安排出版。我对此当然感到高兴。但当时我正忙于《新编现代西方哲学》的编写，因此我回信说如果近期出，我无法校订，如不是近期出，我当然要将其重校一遍，我估计商务印书馆方面同我自己一样并不急于出，事情再次拖下了。2000年，我又收到商务印书馆译作室朱泱先生的信，说他正在看我那部译稿。他除了就个别译名的译法提出意见外，还谈到译稿中有几页未找到，另外是要我寄回那篇《译序》。前几件具体事都容易解决。但原来的《译序》已丢失，即便在，也不能用。如何写一篇对怀特海哲学有较公正的介绍的《译序》，一时还难住了我。因为近些年来我一直未把怀特海哲学作为重点来研究，对之仍然是一知半解。写一篇关于怀特海哲学的介绍总得对之作些研究。更重要的是：这部译稿毕竟是我在近40年前完成的，必然存在种种不足。应当尽可能由我自己重校一遍。这些都需要较多时

间。而这两年我又忙于一些不可耽搁的事。这样,我只好再度延期了。

然而不管怎么忙,只要我还有心出版这部译稿,总得对它作出一些必要的处理,不能再拖下去了。故此我在2002年暑期抽空将旧译稿重校了一遍。从上世纪60年代中期起我一直没有做过翻译工作。这次校订,从技巧上说就显得生疏。对原译稿改动不大。很可能还存在不少不当之处。前几个月,朱泱先生告诉我,怀特海的这部书1998年华夏出版社已出了一个译本,建议我找来参考。但我自己未买到此书,在复旦哲学系资料室也未找到。这种参考当然有好处,但也可能造成一些问题。我想就免了吧!

至于对怀特海哲学的介绍,我几次动笔试图写,都是半途而废。主要原因是我对自己所写的东西有画虎不成之感,将其作为本书的译序可能误导读者。因此觉得不如不写。好在近年来国内哲学界对怀特海已有一些介绍。这方面的专著、译著都有出版。还有几位研究美国哲学的专家在其论著中也有关于怀特海的介绍。建议想了解和研究怀特海的读者去参考这些论著。

刘 放 桐

2003年3月30日

图书在版编目(CIP)数据

思维方式/(英)怀特海著;刘放桐译.—北京:商务印书馆,2017
(汉译世界学术名著丛书:120年纪念版:珍藏本)
ISBN 978-7-100-14770-5

Ⅰ.①思… Ⅱ.①怀… ②刘… Ⅲ.①思维方法
Ⅳ.①B804 ②B561.52

中国版本图书馆CIP数据核字(2017)第161066号

汉译世界学术名著丛书
(120年纪念版·珍藏本)
思维方式
〔英〕怀特海 著
刘放桐 译

商务印书馆出版
(北京王府井大街36号 邮政编码100710)
商务印书馆发行
北京冠中印刷厂印刷
ISBN 978-7-100-14770-5

2017年12月第1版 开本710×1000 1/16
2017年12月北京第1次印刷 印张11
定价:55.00元